# GEHEIM
# GESELLSCHAFTEN

JOEL LEVY

# GEHEIM GESELLSCHAFTEN

50 berüchtigte Organisationen
und wie man ihnen beitritt

Konzipiert und produziert von:
Elwin Street Productions Limited
14 Clerkenwell Green
London EC1R 0DP
www.elwinstreet.com


Delphin Verlag GmbH
Emil-Hoffmann-Straße 1
D-50996 Köln



Design und Illustration der Symbole: Jon Wainwright
Alle übrigen Illustrationen: Richard Burgess
Bildnachweis: Alamy: S. 34, 39, 49, 67, 76, 80, 87, 97;
Corbis: S. 19, 22, 27, 52, 61, 72, 104, 117; Getty: S. 11, 107, 109, 123, 129, 134; Topfoto: S. 32, 44, 57, 92, 114

Deutsche Übersetzung: ARTHISTICO Holger Möhlmann
Redaktion: Oliver Christian Weber

Gedruckt in China

ISBN 978-3-96128-368-2

www.delphinverlag.de

# Inhalt

# Einleitung

Die Welt der Geheimgesellschaften ist ein Reich der Schatten und Rätsel, der Mythen und der Missverständnisse. Fast nichts von dem, was Sie über diese Organisationen zu wissen glauben, ist wahr, und doch sind sie von so vielen Mysterien umgeben, dass fast nichts unmöglich erscheint. Von Beginn an galten Geheimbünde als die „Graue Eminenz" der Weltgeschichte. Man warf ihnen vor, dass sie überall ihre Hand im Spiel hatten – von der Entstehung des Christentums bis zu den Revolutionen in Frankreich und Amerika, von der Entdeckung der Neuen Welt bis zu den Attentaten vom 11. September 2001 in den USA.

Viele Geheimgesellschaften schützen sich durch Codewörter und Symbole – es ist sogar eine eigene Terminologie vonnöten, wenn man über sie sprechen will. Zu den Fachausdrücken, die die Inhalte und Ziele von Geheimgesellschaften beschreiben, gehören Wörter wie „esoterisch", „okkult" und „hermetisch" – doch was heißt das eigentlich genau? „Esoterisch" bedeutet „nur für die Eingeweihten". Der Begriff bezieht sich auf Lehren und Kenntnisse, die nur diejenigen verstehen können, die entsprechend vorbereitet und eingewiesen wurden – für alle anderen bleiben sie unklar und ohne Sinn. „Okkult" heißt „verborgen" und wird ähnlich verwendet wie „esoterisch". Da der Ausdruck aus dem Bereich der Zauberei und der schwarzen Magie stammt, schwingen Bedeutungen wie „magisch" oder „düster" mit. Der Begriff „hermetisch" bezieht sich auf eine spezifische Sammlung antiken Wissens, die unter dem Namen *Corpus Hermeticum* bekannt ist und als deren Verfasser lange Zeit die mythische Gestalt des Hermes Trismegistos angesehen wurde. Zu den hermetischen Überlieferungen gehören beispielsweise die Alchemie, die Kunst der körperlichen und geistigen Verwandlung, die Wahrsagerei und die Magie.

Zahlreiche Geheimbünde, darunter so berühmte wie die Freimaurer, befassen sich mit dem Esoterischen, dem Okkulten und dem Hermetischen.

Anderen geht es – angeblich – um Macht und Einfluss in der Politik. In diesem Zusammenhang fällt häufig der Begriff der Parapolitik, der andeuten soll, dass jenseits der öffentlich wahrgenommenen Politik eine Parallel- und Schattenwelt existiert, in der Geheimgesellschaften und Verschwörungstheorien eine Rolle spielen.

Von einer „Verschwörungstheorie" ist allzu oft bereits dann die Rede, wenn es darum geht, eine bestimmte Sichtweise abzulehnen oder schlechtzumachen. In Wirklichkeit wäre angesichts der vielen unterschiedlichen Annahmen, Wahrscheinlichkeiten und Überzeugungen, die solche Theorien nähren, ein spezielles Wörterbuch vonnöten. In diesem Buch verwenden wir den Begriff der „Verschwörungstheorie" in einem möglichst neutralen Sinne und bezeichnen damit unkonventionelle oder unorthodoxe Sichtweisen. Extreme Sichtweisen, die mit der Wirklichkeit wenig zu tun haben und auf Fanatismus und Geschichtsfälschung basieren, werden als paranoide Verschwörungstheorien bezeichnet.

Für einen unorthodoxen, auf Spekulationen und unsicheren Beweisen beruhenden geschichtlichen Ansatz verwenden wir den Ausdruck „Alternative Geschichte", während jene Lesart, auf die sich paranoide Verschwörungstheoretiker standardmäßig beziehen, als „Historische Weltverschwörung" bezeichnet wird. Die im frühen 20. Jahrhundert von der geistig verwirrten Faschistin und Antisemitin Nesta Webster erstmals formulierte Theorie interpretiert praktisch alle wichtigen historischen Ereignisse als Folgen einer weltweiten Verschwörung, an der Geheimgesellschaften wie die Freimaurer und die Illuminaten (siehe S. 10 und 13) beteiligt sind. Die größte Angst derer, die an die Weltverschwörung glauben, ist die angebliche „Neue Weltordnung" der Illuminaten – mit einer Weltregierung, die die Religion unterdrückt und die Menschheit versklavt. Wer versucht, die Weltverschwörung zu widerlegen, gilt als Skeptiker oder Zweifler.

Teil 1:

# Elitäre Gesellschaften

# Die Freimaurer

**Als wahrscheinlich älteste noch bestehende Geheimgesellschaft der Welt dienten die Freimaurer als Vorbild für fast alle modernen Geheimgesellschaften.**

| | |
|---|---|
| Ursprung: | unbekannt |
| Entstehung: | ca. 17. Jahrhundert |
| Gründer: | unbekannt |
| Status: | aktiv, weltweit |

## Geschichte

Die als Bruderschaft und manchmal auch als „Königliche Kunst" bezeichnete Freimaurerei ist ein zumeist deistischer, freidenkender Männerorden, bei dem Selbstoptimierung, Wohltätigkeit und brüderliche Liebe im Mittelpunkt stehen. Sie sehen sich eher als eine Organisation mit Geheimnissen denn als Geheimgesellschaft und nutzen Rituale, Passwörter, spezielle Formen des Händedrucks und jede Menge Symbole, um den Eingeweihten ihre Botschaft von der geheimen Lehre und der Erforschung des Geistes nahezubringen. Ihr Name leitet sich wahrscheinlich von den mittelalterlichen Steinmetzgilden her. Die besten Steinmetze waren jene, die ihre verinnerlichten Kenntnisse der Geometrie dazu nutzten, Werksteine in die richtige Form zu bringen. Ganz ähnlich geht es den heutigen Freimaurern vor allem darum, sich selbst zu formen und zu perfektionieren. Hierzu nutzen sie die geheimen Kenntnisse, die sie erwerben, darunter auch viele aus der altehrwürdigen Geometrie. Eine Mitgliedschaft steht allen unbescholtenen, d. h. nicht vorbestraften Männern offen.

Die erste unumstrittene Erwähnung der Bruderschaft findet sich im Tagebuch des Elias Ashmole: 1646 erwähnt er seinen Beitritt zu den Freimaurern. 1717 bildet sich die erste Großloge in London, und in den darauffolgenden Jahrzehnten verbreitet sich die Freimaurerei in ganz Europa und Amerika. Im frühen 20. Jahrhundert gab es weltweit acht Millionen Freimaurer, und auch wenn es seitdem deutlich weniger geworden sind, hat der Orden heute noch immer rund zwei Millionen Mitglieder.

## Verschwörungstheorien

Glaubt man den Gegnern der Freimaurer, handelt es sich bei diesen um eine korrupte Bande elitärer Drahtzieher, die bei zahlreichen historischen Ereignissen ihre Finger im Spiel hatten – vor allem bei der Amerikanischen und der Französischen Revolution.

Angeblich waren sie als Wegbereiter oder als Vollender für andere Geheimgesellschaften aktiv: wie etwa für die Illuminaten (siehe S. 13), die Rosenkreuzer (siehe

S. 38) oder die Tempelritter (siehe S. 71). Ihren eigenen Berichten zufolge wurde ihr Orden von nach Schottland zurückgekehrten Templern gegründet, die ihr geheimes Wissen von den Kreuzzügen mitgebracht hatten. Die Freimaurer behaupten, sie besäßen uralte Kenntnisse, die bis auf die Zeit des Salomonischen Tempels, ja womöglich bis auf Atlantis zurückgingen. Ihre Widersacher dagegen glauben, dass die Eingeweihten fanatische Antikatholiken und Atheisten sind, dass sie Revolution predigen und diese auch planen und dass sie ihre Netzwerke aus Lobbyismus und Vetternwirtschaft vor allem dazu nutzen, die Karrieren ihrer Mitbrüder voranzutreiben, damit diese die Gesetze besser umgehen können.

Während ihrer Einführungszeremonien müssten die Freimaurer blutrünstige, an Ritualmorde erinnernde Eide schwören, behaupten die Verschwörungstheoretiker. Ihre Geheimnisse würden sie unerbittlich verteidigen, und Eidbrüchige würden sie töten. Ein Beispiel hierfür sei der italienische Bankier Roberto Calvi, der mit einem Finanzskandal in Verbindung gebracht wurde, in den sowohl die Mafia (siehe S. 128) als auch der Vatikan verwickelt gewesen sein soll. 1982 wurde Calvi auf der Blackfriars Bridge in London erhängt aufgefunden. In seinen Taschen fanden sich Ziegelsteine, die an angebliche Mordrituale der Freimaurer denken ließen. Glaubt man den extremen Gegnern der Freimaurer, so sind diese weit mehr als machthungrige Drahtzieher, die die Neue Weltordnung einführen wollen: Angeblich gibt es Beweise dafür, dass sie satanische Missbrauchsrituale vollziehen und einen Dämon namens Baphomet anbeten.

**Rechts:** Freimauersymbole am Monument der Menschenrechte in Paris.

## Kritischer Blick

Da die Freimaurer die größte Geheimgesellschaft in der

Geschichte sind, ranken sich um sie auch die meisten Mythen und Missverständnisse. Ihre eigenen Berichte über ihre Ursprünge sind wahrscheinlich der Fantasie entsprungen. Es ist unwahrscheinlich, dass sie aus den mittelalterlichen Steinmetzgilden entstanden sind. Und die angeblichen Verbindungen zu den Templern und anderen Gruppen wurden im 18. und 19. Jahrhundert von Freimaurern erfunden, die damit politische oder persönliche Ziele verfolgten. Viel wahrscheinlicher ist, dass die Freimaurer im 17. Jahrhundert aus einem von Dutzenden Herrenklubs heraus entstanden, in denen viel getrunken und über Deismus und Freidenkertum sowie über architektonisches und mathematisches Geheimwissen diskutiert wurde.

Die schrecklichen Mythen und Anschuldigungen, die die Freimaurer umgeben, sind eine direkte Konsequenz ihres Erfolgs und basieren auf jener reaktionären Feindseligkeit, die ihre freidenkerischen Lehren hervorriefen. Die Behauptung, die Freimaurer hätten die Französische Revolution inspiriert und angeführt, stammt aus den berüchtigten Büchern *Denkwürdigkeiten zur Geschichte des Jakobinismus* und *Beweise einer Verschwörung* von Abbé Augustin Barruel bzw. John Robison. Barruel und Robison behaupten, dass die Freimaurerei im Zuge eines Komplotts, das bis zum Niedergang des Templerordens (siehe S. 71) zurückreiche, von den Bayerischen Illuminaten (siehe S. 13) verdorben worden sei. Nach der Russischen Revolution verhalf die exzentrische britische Faschistin Nesta Webster der Theorie von der Historischen Weltverschwörung mit ihrem 1922 erschienenen Buch *Secret Societies and Subversive Movements* zu großer Popularität. In ihm sind die Freimaurer Teil einer internationalen jüdisch-bolschewistischen Verschwörung, deren Ziel die Neue Weltordnung ist. Wie hartnäckig sich solche pseudohistorischen Behauptungen halten, beweist auch die von vielen Menschen vertretene Meinung, das Straßennetz von Washington sei von Symbolen der Freimaurer inspiriert.

## Weltweiter Einfluss: 31/100

Die schiere Größe der Bruderschaft und die hohe Anzahl wichtiger historischer Persönlichkeiten in ihren Reihen (von George Washington über Christopher Wren und Brigham Young bis zu Winston Churchill) machen es sehr wahrscheinlich, dass ihr Geist und ihre Prinzipien einen gewissen Einfluss ausübten, vor allem im Amerika der Revolutionszeit.

## Wie tritt man bei?

Wenn Sie männlich und nicht vorbestraft sind, ist es bemerkenswert einfach – wenden Sie sich einfach an die nächste Loge.

# Die Illuminaten

**Dieser im 18. Jahrhundert entstandene Ableger der Freimaurer gilt paranoiden Verschwörungstheoretikern als ultimativer Drahtzieher der Neuen Weltordnung.**

| | |
|---|---|
| Ursprung: | Bayern |
| Entstehung: | ca. 18. Jahrhundert |
| Gründer: | Adam Weishaupt |
| Status: | erloschen |

## Geschichte

Als „Illuminaten", d. h. als die Erleuchteten, wurden verschiedene Organisationen bezeichnet, wenn sie sich nicht gleich selbst diesen Namen gaben. Die wichtigste unter ihnen war die der Bayerischen Illuminaten – eine Geheimgesellschaft, die 1776 von Adam Weishaupt gegründet wurde, einem umstrittenen Rechtsgelehrten an der Universität Ingolstadt.

Als leidenschaftlicher Freidenker, Antikatholik und Republikaner, der sich mit Freimaurerei und Geheimreligionen auskannte, entwarf Weishaupt die Satzung für eine Organisation mit strenger Hierarchie und harten Beitrittsritualen. Mit ihrer Hilfe, so glaubte er, könnte sich die Menschheit von den alten Fesseln der Religion, der Nation und der überkommenen Autoritäten befreien und ein neues, vom Licht des Verstandes erleuchtetes Zeitalter einleiten.

Mit der Hilfe des einflussreichen Freimaurers Baron von Knigge gelang es Weishaupt, mehrere Hundert weitere hochrangige Freimaurer und Intellektuelle für sich zu gewinnen, und schon nach wenigen Jahren hatte seine Organisation rund 2000 Mitglieder, darunter Herzog Ferdinand von Braunschweig und Johann Wolfgang von Goethe. Sie nannten sich die „Perfektibilisten" oder die „reinen" und „erleuchteten Freimaurer". 1783 kam es jedoch zu internen Spannungen im Orden, und zugleich hatten die bayerischen Behörden von seinen antiautoritären Absichten Wind bekommen. Mehrfach wurde der Orden verboten, und 1787 erschien ein Dekret, das eine Mitgliedschaft bei Todesstrafe untersagte. Weishaupt floh aus Ingolstadt, und der Orden der Illuminaten schien erloschen zu sein.

## Verschwörungstheorien

Von Anfang an, so behaupten die Verschwörungstheoretiker, ging es Weishaupt ganz explizit um die Weltherrschaft und um die Zerstörung der bestehenden Religionen, Institutionen und Nationen. Geheime Unterlagen kamen ans Licht – und zwar der

Legende nach dadurch, dass ein Bote, der sie bei sich hatte, vom Blitz getroffen wurde. In ihnen stand, dass, wenn erst einmal das Chaos ausgebrochen sei, die Illuminaten die Macht an sich reißen und die gesamte Menschheit beherrschen würden. Die Verschwörungstheoretiker behaupten auch, dass der Orden schon sehr bald die Freimaurer kontrollierte – von denen er als Teil eines weiterführenden Plans überhaupt erst gegründet worden sei. Seine scheinbare Zerschlagung habe der Orden überlebt. Er habe die Amerikanische und die Französische Revolution geplant und koordiniert und auch danach den Verlauf der Geschichte maßgeblich beeinflusst.

Heutige Verschwörungstheoretiker glauben, dass die Illuminaten verschiedene Regierungen sowie die Geschäfts- und Finanzwelt kontrollieren und dass sie Einfluss auf Kriege und Krankheiten, auf die Religion und die Medien haben. Zu ihren Mitgliedern würden alle wichtigen politischen, wirtschaftlichen, militärischen und religiösen Führer gehören, und viele von ihnen seien Teil der jüdisch-bolschewistischen Bankenverschwörung. Paranoide Verschwörungstheoretiker wie David Icke glauben sogar, die Illuminaten seien Satanisten, UFO-Piloten, Aliens, der Antichrist, Reptilien, Kindsmörder oder Kannibalen – am besten alles zusammen. Ihr Ziel sei eine Neue Weltordnung, in der die Masse der Menschheit versklavt oder vernichtet werde, sodass eine kleine Elite mit absoluter Macht die Welt beherrschen könne.

## Kritischer Blick

Auf die Illuminaten berufen sich zahlreiche rechtsradikale, fundamentalistische und militante Spinner im Rahmen pseudohistorischer Wahnideen. Ihr Name gilt heute als Kurzformel für alle möglichen antisemitischen, rassistischen, homophoben und ähnlich abstoßenden Vorstellungen. Doch dies beweist nur, wie dumm und haltlos paranoide

**Rechts:** Das allsehende Auge auf der Dollarnote, angeblich ein Symbol der Illuminaten.

Verschwörungstheorien sind. In Wirklichkeit existierten die Bayerischen Illuminaten nur für kurze Zeit und bewirkten wenig. Ihre ehrgeizigen, von idealistischer Großmut getragenen und keineswegs bösen oder machthungrigen Absichten spiegelten jedoch den Zeitgeist wider und mögen von daher spätere geistige und soziale Entwicklungen durchaus beeinflusst haben.

Weishaupt selbst gab seine radikalen Ideen jedenfalls recht schnell auf. Er gründete eine Familie und starb 1830 laut einer Chronik seiner Pfarrgemeinde „versöhnt mit der katholischen Kirche, der er als junger Professor Tod und Verderben gewünscht hatte."

Erste Legenden zu den Illuminaten entstanden in etwa zur gleichen Zeit wie die Organisation selbst. Entwickelt wurden sie von den paranoiden Verschwörungstheoretikern der damaligen Zeit, nämlich von Reaktionären, die die fortschrittlichen Ideale des Ordens ablehnten. Aufgrund einer seltsamen Ironie der Geschichte gelten die Illuminaten, die früher *vom* Establishment dämonisiert wurden, einigen sich ausgegrenzt und abgehängt fühlenden Reaktionären von heute *als* das böse Establishment selbst.

## Weltweiter Einfluss: 9/100

Zwar gab es einmal eine Geheimgesellschaft der Illuminaten, und ihre Ideen hatten einen gewissen Einfluss, doch mit den abscheulichen Erfindungen späterer Verschwörungstheoretiker haben die historischen Illuminaten nichts zu tun.

## Wie tritt man bei?

Es gibt einige Gruppen, die angeblich mit den Illuminaten in Verbindung stehen oder sich von ihnen herleiten, doch diese Behauptungen sind reine Fantasie. Wenn man den Paranoikern glaubt, ist eine Mitgliedschaft bei den Illuminaten nur für die herrschende Klasse und/oder reptilienartige Aliens möglich.

# Unsichtbare Universität

**Informelles Gelehrtennetzwerk im England des 17. Jahrhunderts - oder teuflische Intrige von Technokraten, die ihr geheimes Wissen nutzen, um den Lauf der Geschichte zu beeinflussen?**

| | |
|---|---|
| Ursprung: | England |
| Entstehung: | 17. Jahrhundert |
| Gründer: | Die „Unsichtbaren" – acht geheime Meister |
| Status: | erloschen |

## Geschichte

„Invisible College" ist der Name eines informellen Netzwerks aus Gelehrten und Weisen im England des 17. Jahrhundert, darunter die Wissenschaftler Robert Boyle und Robert Hooke. Etliche seiner Mitglieder waren an der Gründung der Royal Society beteiligt, der ersten wissenschaftlichen Forschungseinrichtung der Welt. Der Name des Netzwerks leitet sich von den Manifesten der Rosenkreuzer her (siehe S. 38), in denen von acht geheimen Meistern, nämlich den „Unsichtbaren" bzw. der „Unsichtbaren Universität", die Rede ist.

## Verschwörungstheorien

Fans der „Historischen Weltverschwörung" (siehe S. 12) argumentieren, dass die geordnete, gottesfürchtige Welt des europäischen Mittelalters von satanischen Okkultisten gestürzt wurde, die sich selbst die Rosenkreuzer nannten, und die Unsichtbare Universität sei in ihrer Armee aus atheistischen Technomagen die Elitetruppe gewesen. Ein hochexklusiver Kreis aus Alchemisten, Okkultisten und Astrologen habe mit geheimen Forschungen experimentiert, darunter mit frühen Formen der Gedankenkontrolle, der Bewusstseinserweiterung und Energiewaffen. Diese handverlesenen, vom Erzverschwörer Christian Rosenkreutz (hinter dem sich vermutlich Sir Francis Bacon oder ein ähnlich hochrangiger Gelehrter der schwarzen Magie verbarg) persönlich eingeweihten acht Gelehrten seien Experten für okkulte Traditionen gewesen, die von den Feinden der Zivilisation seit den Tagen von Atlantis weitergegeben worden seien. Sie hätten sich in einer kreisrunden Krypta rund um das Grab von Rosenkreutz versammelt und dort ihre todbringenden Zauberformeln gesprochen. Danach hätten sie sich daran gemacht, das Feuer der Revolution in Europa zu entfachen, die Religion zu zerstören, die Kolonialisierung der Neuen Welt zu verderben und mit der Macht schrecklicher Artefakte die Menschheit zu beherrschen und ein gottloses, technokratisches Regime zu errichten.

Angeblich sind die geheimen Kenntnisse der „Unsichtbaren“ im Lauf der Zeit immer weiter überliefert worden – von den Illuminaten und den Freimaurern bis zu ihren geistigen Nachfolgern von heute wie etwa den Mitgliedern von Bilderberg und Skull and Bones. Gefährliche Denker von Isaac Newton bis zu Albert Einstein seien die wichtigsten Schüler der „Unsichtbaren“.

## Kritischer Blick

Die Unsichtbare Universität wurde von den Schriften des englischen Staatsmanns und Philosophen Sir Francis Bacon (1561–1626) inspiriert, der wahrscheinlich mit den Autoren der Rosenkreuzer-Manifeste korrespondiert hatte. In seinen Werken spricht er von einer Gesellschaft von Naturphilosophen (der Ausdruck „Wissenschaftler“ existierte noch nicht), die gemeinsam die Geheimnisse der Natur ergründen und die Gesellschaft verändern sollten. Doch in Bacon deshalb einen Großmeister der Rosenkreuzer zu sehen, der eine hochgeheime Elitetruppe aus Naturphilosophen rekrutiert, ist reine Fantasie. Bacon war kein Rosenkreuzer, denn das war gar nicht möglich – die Rosenkreuzer existierten nicht als reale Organisation (siehe S. 38). Außerdem richtete sich Bacons Philosophie ausdrücklich gegen jede Form der Heimlichtuerei. Die Unsichtbare Universität war nie eine Geheimgesellschaft, sondern nur ein loser Zusammenschluss von Gelehrten, der erst im Nachhinein seinen Namen erhielt. Wie die meisten führenden Intellektuellen und Kleriker jener Zeit waren diese Philosophen fasziniert von jenen angeblich uralten alchemistischen Kenntnissen, die sie „die Magie der Natur“ nannten – im Grunde eine Art vorakademisches Wissenssystem. Doch zugleich waren sie auch zutiefst religiös und oft sehr national eingestellt – für radikales oder revolutionäres Gedankengut hatten sie wenig übrig.

## Weltweiter Einfluss: 5/100

Die Wirkung dieser Gruppe von Gelehrten hinsichtlich der wissenschaftlichen Revolution lässt sich nur schwer einschätzen. Was jedoch Verschwörungen angeht, hatte sie wenig oder gar keinen Einfluss.

## Wie tritt man bei?

Reisen Sie zurück ins 17. Jahrhundert. Lernen Sie Griechisch, Hebräisch und Latein. Befassen Sie sich mindestens 30 Jahre lang mit Alchemie, Kabbalistik, Astrologie, biblischer Geschichte und Mathematik und schreiben Sie dann an Robert Boyle c/o Royal Society, London.

# Skull and Bones

**Eine studentische Geheimgesellschaft an der Yale University mit vielen berühmten Ehemaligen. Manchen gilt sie als Kinderstube für die Elite der Neuen Weltordnung. Hier lernen sie angeblich alles über den globalen Kapitalismus, den geheimen Staat und den Drogenhandel.**

| | |
|---|---|
| Ursprung: | USA |
| Entstehung: | 1832 |
| Gründer: | William H. Russell |
| Status: | aktiv, Yale |

## Geschichte

Die Yale University ist eine der ältesten und renommiertesten akademischen Institutionen der Welt. Sie kann auf eine lange Tradition an Geheimgesellschaften zurückblicken, die die Kandidaten für ihre esoterischen Rituale und Trinkgelage selbst auswählen. Eine besonders berüchtigte Gesellschaft dieser Art wurde 1832 von William H. Russell gegründet, nachdem dieser während eines Besuchs in Deutschland mit ähnlichen Vereinigungen an deutschen Universitäten in Berührung gekommen war. Ursprünglich als „Eulogian Club" bekannt, nahm die Gesellschaft 1833 ihren heutigen Namen an und erklärte die Piratenflagge zu ihrem Emblem.

Jedes Jahr nimmt die Gesellschaft 15 neue Mitglieder auf – bis 1991 ausschließlich Männer. Ihre Treffen und an die Freimaurer erinnernden Zeremonien finden im „Grab", dem Hauptquartier der Gesellschaft, statt – angeblich in einem theatralischen, pseudogotischen Rahmen. Unter den ehemaligen Mitgliedern, den „Bonesmen" finden sich drei US-Präsidenten (William Howard Taft, George H. Bush und George W. Bush) sowie zahlreiche Kabinettsmitglieder, Senatoren und Wirtschaftsführer.

## Verschwörungstheorien

Glaubt man den Verschwörungsparanoikern, so werden die USA seit ihrer Gründung von einem kleinen Kreis führender Familien kontrolliert. Während nach außen eine demokratische Fassade aufrechterhalten wird, bereichern sich diese Familien am Handel mit Drogen und Waffen. Skull and Bones dient den Verschwörern gegen die Vereinigten Staaten hierbei als Ausbildungszentrum.

Gegner der Studentenvereinigung verweisen immer wieder auf deren angebliche Verbindungen zum Geheimdienstmilieu und zu Kreisen des Establishments, die seit

**Oben:** Das Haus von Skull and Bones auf dem Campus der Yale University.

dem Opiumhandel im 19. Jahrhundert den illegalen Drogenkonsum fördern und kontrollieren. Der Einfluss der korrupten Netzwerke von Skull and Bones wirkt, so behaupten die Verschwörungstheoretiker, bis in Amerikas innerste Machtzirkel hinein. Besonders deutlich sei dies im Präsidentschaftswahlkampf von 2004 geworden, als die USA zwischen George H. Bush und John Kerry die „Wahl" gehabt hätte – zwei ehemaligen Mitgliedern von Skull and Bones. Ausdrücklich wurde die Studentenverbindung auch beschuldigt, mit ihren morbiden Ritualen und Symbolen einen Totenkult zu zelebrieren und als Nachwuchsreserve der Illuminaten die Neue Weltordnung zu unterstützen.

## Kritischer Blick

Die dunklen Fantasien über die Macht und die Reichweite von Skull and Bones haben nichts mit der Realität zu tun. Diese Organisation zählt noch nicht einmal in Yale zu den exklusivsten oder den geheimsten, von den restlichen USA ganz zu schweigen. Skull and Bones ist nicht viel mehr als eine etwas überschätzte Studentenverbindung, und nur wenige ihrer Geheimnisse sind nicht irgendwann ans Tageslicht gekommen. Ihre überraschend fortschrittlichen Aufnahmeregeln stehen im krassen Widerspruch zum lächerlichen Vorwurf der Eliteförderung. Und wenn wichtige US-amerikanische Staatsmänner Mitglied bei Skull and Bones waren, ist dies vor allem auf das hohe Ansehen zurückzuführen, das die Yale University genießt. Die meisten Angehörigen der US-amerikanischen Führungsschicht waren übrigens keine Mitglieder von Skull and Bones.

Allerdings bilden sich in Klubs, die ihre Mitglieder selbst auswählen, wie von selbst Netzwerke und Seilschaften, und so sind diese Klubs von Natur aus antidemokratisch. Der beschädigte Ruf der amerikanischen Militär- und Geheimdienstführung sollte zum Nachdenken über die Rolle der „Bonesmen" im Staat Anlass geben, doch mit Skull and Bones als Klub hat das nicht unbedingt etwas zu tun.

## Weltweiter Einfluss: 19/100

Ehemalige Mitglieder wie George W. Bush, sein Vater George H. Bush und sein Großvater Prescott Bush, die allesamt in der Politik, beim CIA und in der Militärindustrie mitgemischt haben, sind Beispiele für den dauerhaften Einfluss einzelner „Bonesmen", doch es ist nicht gesagt, dass Skull and Bones mehr ist als eine Studentenverbindung.

## Wie tritt man bei?

Studieren Sie in Yale, engagieren Sie sich für die Allgemeinheit, entwickeln Sie großen politischen Ehrgeiz, halten Sie sich an die richtigen Leute und drücken Sie die Daumen. Alternativ können Sie auch Ihre Seele an die Illuminaten verkaufen, am besten kreuzen Sie hierfür Ihre Gene mit denen von reptilienartigen Aliens.

# Bilderberg

**Jedes Jahr trifft sich die nordamerikanische und europäische Elite in einem erstklassigen Hotel zu geheimen Diskussionen – doch lange Zeit haben die Medien kaum darüber berichtet.**

| | |
|---|---|
| Ursprung: | Niederlande |
| Entstehung: | 1954 |
| Gründer: | verschiedene (siehe unten) |
| Status: | aktiv, weltweit |

## Geschichte

Die Bilderberg-Konferenzen sind nach dem niederländischen Hotel benannt, in dem 1954 das erste dieser informellen Treffen stattfand. Ins Leben gerufen wurden sie von Prinz Bernhard der Niederlande, dem polnischen Diplomaten Josef Retinger, dem Bankier David Rockefeller und dem ehemaligen britischen Außenminister Denis Healey. Traditionell werden etliche wichtige und aufstrebende Persönlichkeiten aus Politik, Wirtschaft und Medien eingeladen und in einem piekfeinen Hotel untergebracht. Nach nunmehr über 60 Jahren finden die Bilderberg-Konferenzen immer noch statt, doch bis vor Kurzem wurden sie nur in der Verschwörungscommunity und von vereinzelten Aktivisten thematisiert.

## Verschwörungstheorien

Glaubt man den Verschwörungsparanoikern, sind die Bilderberg-Konferenzen nichts anderes als die Jahrestreffen der Vordenker der Neuen Weltordnung, auf denen die Agenda für die nächsten zwölf Monate festgelegt wird. Bei den Initiatoren handle es sich um einen niederländischen Prinzen aus Nazi-Deutschland, dessen Rolle im Zweiten Weltkrieg zumindest fragwürdig sei, um einen polnischen Diplomaten, der im Sold von CIA und MI6 stehe, und um einen Spross jener internationalen Bankiersfamilie, die das dunkle Zentrum der zionistisch-bolschewistischen Illuminatenverschwörung bilde und somit zu den Drahtziehern der Neuen Weltordnung gehöre.

Die Macht der Bilderberg-Konferenzen beweist angeblich schon ein kurzer Blick in die Teilnehmerlisten deutlich, denn diese enthalten die Namen fast aller wichtigen Persönlichkeiten der europäischen und nordamerikanischen Geschichte nach dem Zweiten Weltkrieg. Vor allem Präsidenten und Premierminister vor ihrem Amtsantritt sind vertreten.

Kandidaten, die als besonders aussichtsreich gelten, werden zu den Bilderberg-Konferenzen eingeladen, um sie auf ihre zukünftigen Rollen vorzubereiten – bevor sie dann gekrönt und gesalbt werden und ihren Platz in der Scheindemokratie einnehmen, sagen die Kritiker. Es sei zunehmend wahrscheinlich, dass beide Spitzenkandidaten einer beliebigen Wahl zum Bilderberg-Netzwerk gehörten. Davon abgesehen übe die Gruppe massiven militärischen und finanzpolitischen Einfluss aus. Zum Beispiel sei Bilderberg in den 1990er-Jahren für den NATO-Schlag gegen Serbien verantwortlich gewesen. Und fast immer hätten an den Konferenzen der Gruppe nur Nordamerikaner und Europäer teilgenommen – der größte Teil der Weltbevölkerung sei also gar nicht vertreten gewesen.

Eine solch eindeutige Verletzung der demokratischen Prinzipien sei nur unter Beteiligung der Medien möglich, behaupten die Verschwörungstheoretiker. Unter den Konferenzteilnehmern befänden sich immer auch wichtige Medienvertreter, und so sei die mangelnde Publicity wohl zu erklären. Versuchten mutige Reporter, über die Treffen zu berichten oder sie zu untersuchen, machten sie schon bald Bekanntschaft mit bulligen Anzugträgern in schwarzen Autos ohne Kennzeichen – und womöglich auch mit lokalen Sicherheitskräften, die sich häufig nur zu gern an der Verfolgung beteiligten.

## Kritischer Blick

Die Bilderberg-Treffen sind privat, nicht geheim. Und diese Privatheit sei wichtig, um offene und weitreichende Diskussionen zu ermöglichen, sagen die Befürworter der Konferenzen. Aufgrund der stets hochkarätigen Gästeliste seien umfassende Sicherheitsmaßnahmen nötig, und sollte jemand einmal zu heftig angefasst worden sein, so sei dies unabsichtlich und in Anbetracht jener wirklich gefährlichen Eindringlinge geschehen, mit denen die Sicherheitskräfte eben auch zu tun hätten.

Tatsächlich hat die Bilderberg-Konferenz ihre Ziele immer recht offen benannt – nämlich einen offenen Diskurs zwischen wichtigen Entscheidungsträgern und Meinungsmachern zu ermöglichen und so die liberalen, demokratischen und marktwirtschaftlichen Grundsätze der freien Welt zu stärken.

Die Treffen begannen zur Zeit des Kalten Krieges, der Antikommunismus

**Links**: Prinz Bernhard, einer der Gründer der Bilderberg-Konferenz.

war eine wichtige treibende Kraft. Doch auch nach dem Fall des Eisernen Vorhangs bleibt die freie Marktwirtschaft auf der Tagesordnung. Die modernen, liberalen Demokratien haben mit einer Reihe von Herausforderungen zu kämpfen, und da ist eine freie und ehrliche Debatte zwischen denjenigen, die sie meistern sollen, umso nötiger. Das Bilderberg-Komitee veröffentlicht Gästelisten und geplante Diskussionsthemen und hat inzwischen sogar die Webseite www.bilderbergmeetings.org eingerichtet.

Die Anschuldigung, Bilderberg würde gezielt zukünftige Führungspersönlichkeiten aufbauen, geht an der Realität vorbei. Das Leitungsgremium ist nur sehr gut darin, vielversprechende Nachwuchstalente zu erkennen, und dass in diesen bereits früh die Spitzenpolitiker von morgen erkennbar sind, liegt in der Natur der Sache. In diesem Punkt sind die Verschwörungstheoretiker sehr selektiv in der Wahl ihres angeblichen Beweismaterials, denn sie unterschlagen diejenigen Konferenzteilnehmer, die später kein hohes Amt bekleiden. Die Anschuldigungen, die gegen die Gründer der Gruppe und gegen etliche Gäste erhoben werden, sind meist geschmacklos, völlig aus der Luft gegriffen und stammen aus dem ultrarechten und antisemitischen Spektrum.

## Weltweiter Einfluss: 50/100

Immer wieder verweisen die „Bilderberger" auf ihre Offenheit in Sachen Gästeliste und Diskussionsthemen, doch solche Statements sind irreführend. Die veröffentlichten Gästelisten sind niemals vollständig, und die übrigen Informationen sind nichtssagend und bedeutungslos. (So fand zum Beispiel im Rahmen der Konferenz von 2011 eine Diskussion zum Thema „Soziale Netzwerke: Verbindungs- und Sicherheitsprobleme" statt.) Das eigentliche Problem ist, dass Bilderberg, selbst wenn seine Mitglieder so gute Absichten haben, wie sie behaupten, die demokratischen Prinzipien massiv aushebelt. Milliardäre und Konzernchefs treffen hier auf Lobbyisten, ohne dass jemand diese Treffen überprüft oder kontrolliert. Gewählte Volksvertreter weigern sich, ihre Wähler über den Inhalt der Diskussionen zu informieren, doch es ist bekannt, dass sich Bilderberg unermüdlich für die Globalisierung und einen Kapitalismus ohne Regeln einsetzt. Wie die Ereignisse der letzten Zeit deutlich gezeigt haben, führt eine solche Form der Marktwirtschaft zu Problemen – und doch haben die Wähler kein Mitspracherecht und keinen Einblick in die Prozesse. Und so mögen Verschwörungstheorien, die eine Verbindung zwischen Bilderberg und den Illuminaten herstellen, purer Nonsens sein, doch die wichtigste Diskussionsrunde der Welt ist ganz offensichtlich zutiefst undemokratisch.

## Wie tritt man bei?

Verdienen Sie eine Milliarde, lassen Sie sich in ein hohes Amt wählen oder freunden Sie sich mit einem Mitglied des Leitungsgremiums an.

# Bohemian Grove

**In den uralten Wäldern Nordkaliforniens findet alljährlich ein Event mit sehr theatralischen Ritualen statt. Doch geht es dort nur ums Theaterspielen?**

| | |
|---|---|
| Ursprung: | USA |
| Entstehung: | 1872 |
| Gründer: | verschiedene |
| Status: | aktiv, USA |

## Geschichte

Der Bohemian Grove ist ein Waldgebiet in der Nähe von San Francisco. Hier treffen sich jeden Sommer 2000 Angehörige der männlichen Elite Amerikas – fast alle weiß, christlich und schon etwas älter – zu einem Retreat der Luxusklasse. Das Sommercamp wurde 1872 vom Bohemian Club, einer Journalistenvereinigung in San Francisco, ins Leben gerufen, doch es hat sich seitdem zu einem Event für die republikanische Elite entwickelt. Die Teilnehmer wohnen in „Hütten" mit Bars und Whirlpools, machen Waldspaziergänge, besuchen Vorträge und Seminare und genießen das Unterhaltungsprogramm.

Jedoch scheiden sich die Geister an den mysteriösen Ritualen des Camps, die stark an die Freimaurer erinnern. Eine dieser Zeremonien ist als die „Verbrennung der Sorge" bekannt. Die Teilnehmer sehen vom Ufer eines Sees aus zu, wie einige Männer in roten Roben eine kleine Figur als Opfer darbringen: Die Figur verkörpert die „Dumme Sorge", wird zusammen mit einem Totenkopf in einem Boot platziert und dann angezündet.

## Verschwörungstheorien

Bestenfalls, so sagen die Verschwörungstheoretiker, ist der Bohemian Grove nur ein weiterer exklusiver Klub, in dem sich eine kleine selbst ernannte Elite durch geheime Treffen den demokratischen Prozessen und der öffentlichen Kontrolle entzieht. Zu den Camp-Besuchern gehören (und gehörten) so ziemlich alle wichtigen US-Politiker aus dem rechten Spektrum, darunter Dick Cheney, Karl Rove, Donald Rumsfeld, Henry Kissinger, George Bush Vater und Sohn, David und Nelson Rockefeller, Ronald Reagan und Gerald Ford. Mit einer Aufnahmegebühr von stolzen 25 000 US-Dollar und 15 Jahren Wartezeit ist eine Mitgliedschaft im Bohemian Club für normale US-Amerikaner jenseits aller Vorstellungen, selbst wenn sie theoretisch möglich wäre.

Doch der Vorwurf des Elitismus und der antidemokratischen Machtbündelung verblassen gegenüber anderen, schwerwiegenderen Anschuldigungen gegen die „Grover". Glaubt man einigen Kritikern, so ist die „Verbrennung der Sorge" mehr als ein symbolischer Akt, sondern ein echtes Menschenopfer. Die „Dumme Sorge" sei ein lebendiges Kind, das einem satanischen Gott geopfert werde. Die „Verbrennung der Sorge" versinnbildliche das Opfer Christi und gehe mit dem rituellen Missbrauch und der Tötung Hunderter anderer, aus ganz Amerika entführter Kinder einher, denn die dekadenten „Grover" – in Wirklichkeit Mitglieder der bösartigen Illuminaten – hätten eine Vorliebe für abartige, orgiastische Rituale.

## Kritischer Blick

Die wirren Fantasien von menschlichen Massenopfern entbehren jeder Grundlage. Verlässliche Beobachter sind der Ansicht, dass es sich beim Bohemian Grove um ein etwas seltsames, aber letztlich harmloses Sommercamp für ältere weiße Männer handelt, bei dem es vor allem ums Trinken und um das Urinieren an Bäume geht. Ein typisches Programm besteht aus Musikdarbietungen, Sketchen, Drag Acts und Vorträgen über Forstwirtschaft und Energiesicherheit. Zwar mögen Dick Cheney und Henry Kissinger unter den Gästen gewesen sein, doch das waren Mark Twain, Clint Eastwood und mindestens zwei ehemalige Mitglieder der Grateful Dead auch.

Das Ritual der „Verbrennung der Sorge" wird häufig missverstanden. Es steht für die symbolische Zerstörung aller Sorgen und Stressfaktoren zu Beginn des Camps und ist eines jener von den Freimaurern beeinflussten Theaterrituale, die für das 19. Jahrhundert so typisch sind. Der Vorwurf, dass Vertreter wirtschaftlicher Interessen hier allzu leicht auf politische Entscheidungsträger treffen, geht an der Wirklichkeit vorbei: Das Motto des Bohemian Club lautet „Webende Spinnen bleiben draußen", d. h. in diesem Klub soll es nicht um Geschäfte und um Networking gehen. Der schlimmste Vorwurf, den man den Klubmitgliedern machen kann, ist der, dass sie auf unverantwortliche Weise mit dem Wald umgehen und zu viele Bäume abholzen lassen.

## Weltweiter Einfluss: 23/100

Der Bohemian Grove ist sicher keine geeignete Kulisse für satanische Verderbtheit, doch wie schon im Fall Bilderberg gilt auch hier: Bewachte Zusammenkünfte der herrschenden Elite jenseits öffentlicher Kontrolle sind von Natur aus antidemokratisch.

## Wie tritt man bei?

Abgesehen von 25 000 US-Dollar, um auf die Warteliste zu kommen (und 5000 US-Dollar Jahresbeitrag, wenn Sie Mitglied sind), brauchen Sie vor allem die richtigen Verbindungen. Besuchen Sie also eine Eliteschule, studieren Sie an einer renommierten Universität, werden Sie Vorstandsmitglied bei einem wichtigen Waffenfabrikanten und vergessen Sie nicht, den Republikanern jede Menge Geld zu spenden.

# MJ-12

**MJ-12, kurz für Majestic-12, ist ein angeblich supergeheimes, regierungsunabhängiges Komitee, das die Beziehungen zwischen der Menschheit und feindlichen Aliens überwachen soll, deren Plan es ist, die Erde zu ihrer Kolonie zu machen.**

| | |
|---|---|
| Ursprung: | USA |
| Entstehung: | 1947 |
| Gründer: | Präsident Truman |
| Status: | erfunden |

## Geschichte

1987 wurden den Verschwörungsexperten und Ufologen William Moore und Stanton Friedman von anonymen „Regierungsinsidern" einige Dokumente zugespielt, die sich bei näherem Hinsehen als geheime Militärinstruktionen zu erweisen schienen und in denen es um die Existenz einer mysteriösen Organisation namens MJ–12 ging. Diese Gruppe von zwölf Männern, zu denen angeblich führende Köpfe aus Militär-, Wissenschafts- und Geheimdienstkreisen wie etwa Vennevar Bush und James Forrestal gehörten, trug den Decknamen Majic–12, kurz für Majestic–12. Schon bald darauf wurden diese Männer mit einer Verschwörung von gigantischen Ausmaßen in Verbindung gebracht. Diese Intrige, die einem Film oder einer Fernsehserie alle Ehre machen würde, umfasste den Roswell-Zwischenfall, Entführungen durch Außerirdische, Viehverstümmelungen, geheime Regierungsoperationen und die Neue Weltordnung.

## Verschwörungstheorien

In den Dokumenten zu MJ–12 stand offensichtlich, dass Präsident Truman 1947 nach dem Roswell-Zwischenfall, bei dem angeblich die Passagiere eines abgestürzten UFOs entdeckt wurden, das oben genannte Komitee ins Leben rief, um das Thema UFOs besser kontrollieren zu können. 1952 habe Präsident Eisenhower dem Komitee angesichts weiterer Zwischenfälle mit fliegenden Untertassen befohlen, seine Arbeit fortzusetzen.

Dies alles war jedoch nur der Ausgangspunkt für immer fantastischere Berichte von Begegnungen mit Außerirdischen, die in der UFO- und Verschwörungscommunity kursierten. Den Höhepunkt bildete ein angeblich 1954 stattgefundenes Treffen auf der Holloman Air Force Base in New Mexico. Dort habe MJ–12 mit einer als „die Grauen" bekannten Art von Außerirdischen eine Vereinbarung getroffen. Als Gegen-

**Oben:** Brigadegeneral Ramey und Colonel Dubose identifizieren in der Nähe von Roswell gefundene Metallfragmente als Teile eines Wetterballons, mit dem das angebliche Raumschiff 1947 zusammengestoßen ist.

leistung für den Zugriff auf außerirdische Technologie und somit auf die Macht über die Menschheit habe sich MJ–12 bereit erklärt, die Grauen bei ihren Versuchen zu unterstützen, mithilfe von irdischem Genmaterial menschlich-außerirdische Mischwesen zu züchten, die später einmal die Welt beherrschen würden. Das Komitee habe eine mit lautlosen schwarzen Helikoptern ausgestattete Sondereinheit gebildet, um den Aliens, ausgehend von Bodenstationen wie der legendären Area 51, bei Viehverstümmelungen und der Entführung von Menschen zu Hilfe zu kommen.

MJ–12 habe sich dann, so behaupten es die Verschwörungstheoretiker, in einen alles beherrschenden geheimen Staat mit eigenen, durch Waffen- und Drogenhandel finanzierten Sicherheitskräften verwandelt. Um ihre zukünftige Macht zu sichern und die Neue Weltordnung vorzubereiten, habe die Organisation die Nachkriegsgeschichte in ihrem Sinne beeinflusst. Sie habe mithilfe rückentwickelter außerirdischer Technologie ihre eigene militärische Hardware konstruiert und Programme wie MK–ULTRA (siehe S. 29) genutzt, um mit Bewusstseinskontrolle zu experimentieren und Szenarien wie im Film *The Manchurian Candidate* zu entwickeln. Jeder, der sich den Plänen von MJ–12 in den Weg gestellt habe, sei ermordet worden – so auch Präsident Kennedy, wenn man einigen Stimmen glauben will. Für Verschwörungstheoretiker aus dem Spektrum der christlichen Fundamentalisten ist MJ–12 bei der Vorbereitung der Apokalypse behilflich.

## Kritischer Blick

Die Dokumente zu MJ–12 haben sich (etwa aufgrund ihrer in dieser Zeit nicht gebräuchlichen Schriftart und Datierweise) als Fälschungen erwiesen. Viel interessanter ist jedoch, wie sie in die Hände von Moore und Friedman gelangt sind. Sie mögen an dem Schwindel beteiligt gewesen sein, doch inszeniert wurde die gezielte Desinformationskampagne von der US Air Force, um Ufologen mit fingiertem „Insiderwissen“ zu versorgen – womöglich mit dem Hintergedanken, von wirklich geheimen Vorhaben abzulenken.

## Weltweiter Einfluss: 3/100

MJ–12 hat es zwar nie gegeben, doch als fiktionale Organisation hat sie sowohl die UFO- als auch die Konspirationsforschung beeinflusst. Dass sie es auch in die Popkultur geschafft hat, beweisen ähnlich angelegte Organisationen in Serien wie *Akte X* und in Filmen wie *Independence Day*.

## Wie tritt man bei?

Nur aktiv an der Weltverschwörung mit den außerirdischen Kolonisatoren beteiligte Personen können beitreten – und selbst die müssen erstmal jemanden umlegen, um dessen Platz einzunehmen.

# MK-ULTRA

**Ein von der CIA gesponsertes, geheimes Forschungsprogramm zu den Themen Bewusstseinskontrolle, Drogen und Gehirnwäsche. Es wurde angeblich in den 1960er-Jahren eingestellt.**

| | |
|---|---|
| Ursprung: | USA |
| Entstehung: | 1953 |
| Gründer: | unbekannt |
| Status: | erloschen |

## Geschichte

Als eines der dunkelsten Kapitel in der Geschichte der US-amerikanischen Sicherheitsdienste gilt das von der CIA initiierte Forschungsprogramm zu Techniken der Bewusstseinskontrolle, zu dem auch das massenhafte Verabreichen bewusstseinsverändernder Drogen an ahnungslose Personen gehörte. Das unter dem Namen MK–ULTRA bekannte Programm begann 1953, doch es basierte auf bereits bestehenden Programmen der CIA und der Navy namens Artichoke und Chatter.

Alle diese Programme waren von der Angst vor angeblichen Fortschritten der Kommunisten auf diesem Gebiet beeinflusst. Man glaubte, die Sowjetunion habe „Wahrheitsdrogen" entwickelt, und Filmmaterial von amerikanischen Soldaten, die während des Koreakriegs gefangen genommen und offensichtlich mittels Gehirnwäsche in alles nachplappernde kommunistische Progagandafiguren verwandelt worden waren, schreckten die Öffentlichkeit und das Militär in den USA gleichermaßen auf. (Übrigens basieren das Buch und der Film *The Manchurian Candidate* auf diesem Szenario.) MK–ULTRA sollte die USA in die Lage versetzen, solchen kommunistischen Bedrohungen zu widerstehen und sie zu bekämpfen. Zwischen 1953 und 1961 wurde deshalb unter Leitung von Dr. Sidney Gottlieb mit Hypnose, Drogen, Verhaltensmodifikation, Strahlung, Schlafmusterveränderung, erweiterten Verhörtechniken und sogar mit Elektroschocks experimentiert.

Besonders spannend wurde es immer dann, wenn LSD im Spiel war. Bei der Operation Midnight Climax etwa mieteten CIA-Mitarbeiter Apartments an, lockten mithilfe von Prostituierten ahnungslose Männer in die Räume, verabreichten ihnen LSD und beobachteten die Auswirkungen. Dabei kam es zu mindestens einem Todesfall, nämlich dem des CIA-Beamten Frank Olsen, der aus einem Fenster im elften Stock fiel.

1961 wurde das Programm offiziell beendet, nachdem klar geworden war, dass die genutzten Techniken nicht funktionierten. Und obwohl CIA-Direktor Richard Helms (der MK-ULTRA persönlich geleitet hatte) 1972 zahlreiche Aufzeichnungen zu dem

Projekt insgeheim vernichtete, kamen große Teile der Wahrheit bei Anhörungen im Kongress schließlich doch ans Tageslicht.

### Verschwörungstheorien

Die Versicherung, MK–ULTRA sei 1961 eingestellt worden, gilt bei Verschwörungstheoretikern als fadenscheinige Schutzbehauptung. Sie glauben, das Projekt sei weitergegangen und für die jugendliche Gegenkultur der 1960er-Jahre verantwortlich gewesen, in der sie nichts anderes als eine Form der massenhaften Bewusstseinsmanipulation erkennen wollen. Eine echte Jugendrevolte sei in harmlosem, die Sinne verwirrenden Drogengenuss erstickt worden, und der Bewusstseinsapostel Timothy Leary habe in Wirklichkeit für die CIA gearbeitet. Einige Paranoiker gehen sogar so weit zu behaupten, das Militär sei niemals das vorrangige Ziel der Spezialisten von MK–ULTRA gewesen. In Wahrheit sei es ihnen um die Entwicklung von Techniken gegangen, mit denen sie die Gedanken der amerikanischen Bevölkerung hätten manipulieren können. Solche Techniken zur Gedankenmanipulation hätten die Mörder von John F. Kennedy und seinem Bruder Robert, von Martin Luther King und anderen beeinflusst. Heute wird MK–ULTRA oft beschuldigt, im Rahmen des Project Monarch den Illuminaten bei der Errichtung der Neuen Weltordnung behilflich zu sein. Dabei würden über Ultrakurzwelle Befehle versendet, und zwar an Legionen von hirngewaschenen Helfershelfern, die ständig als Paranoiker, Schizophrene oder von Aliens Entführte falsch diagnostiziert würden.

### Kritischer Blick

MK–ULTRA war ein skandalöses, missbräuchliches Unterfangen, doch sein Scheitern beweist auch, dass es so etwas wie eine Verschwörung mit dem Ziel der Gedankenkontrolle nie gegeben hat. Selbst die heutige Neurowissenschaft kann die meisten mentalen Prozesse nicht erklären und schon gar nicht kontrollieren.

### Weltweiter Einfluss: 29/100

Das Ausmaß und die Wirkung der Operationen von MK–ULTRA sowie ihre Rolle im Kalten Krieg sind noch immer in weiten Teilen ungeklärt. Davon abgesehen hatte das Programm einen nicht zu unterschätzenden kulturellen und gesellschaftlichen Einfluss – und zwar bis heute.

### Wie tritt man bei?

Gehen Sie zu den Streitkräften der Vereinigten Staaten, treten Sie einer Spionageeinheit bei, erwerben Sie Kenntnisse in Neurobiologie und Toxikologie und signalisieren Sie Ihre Bereitschaft, radikale Theorien an Menschen zu testen – vielleicht kann man Sie dann beim Project Monarch gebrauchen!

# John Birch Society

**In den späten 1950er-Jahren gegründete, rechtsgerichtete Vereinigung zur Bekämpfung einer von den Gründern angenommenen kommunistischen Verschwörung.**

| | |
|---|---|
| Ursprung: | USA |
| Entstehung: | 1958 |
| Gründer: | Robert Welch |
| Status: | aktiv, USA |

## Geschichte

Der Name der 1958 vom Süßwarenfabrikanten Robert Welch gegründeten John Birch Society leitet sich von Captain John Birch her, einem amerikanischen Missionar und Geheimdienstmitarbeiter, der gegen Ende des Zweiten Weltkriegs von chinesischen Kommunisten getötet wurde. Welch hatte extrem konservative Ansichten und glaubte, eine riesige kommunistische Verschwörung würde die Welt bedrohen bzw. habe die USA in einem solchen Maß unterwandert, dass ihm selbst die Republikanische Partei zu moderat erschien. In den 1960er-Jahren war der fanatische Antikommunismus von Welch und seinen Anhängern enorm einflussreich.

Auch wenn die John Birch Society durchaus die Öffentlichkeit suchte, blieben ihre Mitglieder lieber anonym und versuchten, politische Entscheidungsträger „von unten" zu beeinflussen. Ihren größten Einfluss hatte die John Birch Society 1964, als es ihr gelang, die Republikanische Partei ein ganzes Stück nach rechts zu rücken und Barry Goldwater als Präsidentschaftskandidat in Stellung zu bringen.

Nach dessen Niederlage wurden Welchs Verschwörungstheorien immer extremer, und die John Birch Society entwickelte sich zu einer Randerscheinung mit schwindender Mitgliederzahl – auch wenn die Opposition gegen Obama und die Zunahme extremer politischer Tendenzen in den letzten Jahren vielleicht zu einem neuen Aufschwung geführt haben.

## Verschwörungstheorien

Die John Birch Society ist oft beschuldigt worden, in genau die Illuminaten-Verschwörungen verwickelt zu sein, die sie eigentlich anprangern will. Glaubt man einigen Paranoikern, spielt sie sogar ein besonders gerissenes Spiel, bei dem ein scheinbarer Gegensatz konstruiert wird (in diesem Fall zwischen der extrem rechten John Birch Society und ihren extrem linken Gegnern), um die Wahrheit vor der breiten Öffentlichkeit zu verbergen.

In diesem Fall wäre die John Birch Society in Wirklichkeit ein Ableger der Illuminaten mit der Aufgabe, Desinformation zu verbreiten und Menschen ohne ihr Wissen für die Illuminaten arbeiten zu lassen.

## Kritischer Blick

Kritische Beobachter glauben, dass die Mitglieder der John Birch Society nicht nur so tun, als wären sie rechte Fanatiker mit absurden Wahnvorstellungen von einer Verschwörung der Kommunisten und der Illuminaten – sie sind es tatsächlich. Betrachtet man die Organisation jedoch im Hinblick auf ihren heutigen politischen und gesellschaftlichen Einfluss, landet man schnell selbst auf verschwörungstheoretischem Terrain. Es gibt nämlich Stimmen, die behaupten, dass dieselben kapitalistischen Kreise, die die John Birch Society gegründet und gefördert haben, heute die Tea-Party-Bewegung anführen, die in vielerlei Hinsicht ihr direkter Nachfolger ist. Die Tea-Party-Bewegung scheint sowohl die Ansichten als auch die Vorgehensweise der John Birch Society übernommen zu haben, nämlich das politische Handeln „von unten". Und womöglich ist das alles mehr als nur bloßer Zufall.

## Weltweiter Einfluss: 26/100

Die John Birch Society ist heute eine Randerscheinung, und paranoide Verschwörungstheorien über ihr komplexes angebliches Doppelspiel lähmen sie zusätzlich. In der Vergangenheit spielte sie jedoch in der US-amerikanischen Politik eine wichtige Rolle, und ihr geistiges Erbe ist im heutigen politischen Diskurs wieder zunehmend präsent.

## Wie tritt man bei?

Die Webseite der John Birch Society lädt zur Mitgliedschaft oder zur Gründung von Ortsgruppen ein.

**Links:** Robert Welch, 24. November 1961.

# Die Weisen von Zion

**Imaginärer Geheimbund von Juden, deren angebliche Pläne zur Erlangung der Weltherrschaft sich in ihren *Protokollen* finden – in Wirklichkeit eine plumpe Erfindung von antisemitischen Agitatoren.**

| | |
|---|---|
| Ursprung: | Russland |
| Entstehung: | 1905 |
| Gründer: | unbekannt |
| Status: | erfunden |

## Geschichte

Von den *Protokollen der Weisen von Zion* heißt es, sie seien die geheimen Sitzungsakten dieser Gruppe. In ihnen seien die raffinierten Pläne der Weisen zur Übernahme der Weltherrschaft genauestens dargelegt. Erstmals tauchten die *Protokolle* im Jahr 1905 in Russland auf. 1920 erschienen sie dann als Artikelserie im *Dearborn Independent,* einer Zeitung, die dem amerikanischen Industriellen Henry Ford gehörte. Unter dem Titel *Der internationale Jude – Das dringlichste Problem der Welt* wurden diese Artikel wenig später in Buchform herausgebracht und beeinflussten unter anderem Adolf Hitler, der sich in seinem eigenen Buch mehrfach auf die angeblichen *Protokolle* bezieht. Und auch wenn diese inzwischen mehrfach als Fälschungen entlarvt wurden, glauben einige offen oder insgeheim antisemitische Verschwörungsparanoiker noch immer, dass es sich bei ihnen um echte Dokumente handelt.

## Verschwörungstheorien

Die *Protokolle* enthalten lächerlich großspurige und zutiefst unmoralische Anweisungen für Weltverschwörer im Stil der Illuminaten. In Artikel 2 des zweiten Protokolls etwa freuen sich die Weisen diebisch darüber, dass „wir mit den Verwaltern … aus der Bevölkerung … ganz leichtes Spiel haben werden, denn sie wurden von Kindheit an dazu erzogen, die Geschicke der Welt zu lenken." Insgesamt lesen sich die angeblichen Protokolle nicht wie reale, sondern eher wie satirische Texte – was sie auch sind (siehe S. 35). Doch die Anhänger der Idee von der Historischen Weltverschwörung behaupten, die Weisen von Zion seien niemand anderes als die Illuminaten und stünden beispielhaft für die jahrhundertealte weltweite Verschwörung der Juden, das Christentum zu stürzen und die Erde zu unterjochen. Und wenn die bösartigen Illuminaten als reptilienartige Außerirdische beschrieben werden, die die Gabe besitzen, ihre äußere Gestalt ändern zu können, so sind mit diesen Wesen ganz offenkundig die

Juden gemeint. Häufig werden die *Protokolle* herangezogen, um solche oder ähnliche Fantasien zu untermauern.

## Kritischer Blick

Die *Protokolle* sind eine üble Fälschung und ein Schwindel erster Güte, der schon mehrfach als solcher entlarvt wurde. In diesen Texten trifft die von den freimaurerfeindlichen Schriften von Robison und Barruel (siehe S. 12) inspirierte Idee der Historischen Weltverschwörung auf jahrtausendealte antisemitische Propaganda wie etwa die berüchtigte Ritualmordlegende. Diese basiert auf der Behauptung, Juden würden Menschenopfer darbringen und christliche Kinder aus rituellen Gründen töten (so werde etwa bei der Herstellung von ungesäuertem Brot deren Blut verwendet). Solche Behauptungen reichen bis in die vorchristliche Ära zurück und lösten im Mittelalter und in der Neuzeit unzählige Pogrome aus. Die Ritualmordlegende fand übrigens auch in die Verschwörungstheorien zu angeblichen Menschenopfern bei Bohemian Grove (siehe S. 24) und bei den Tempelrittern (siehe S. 71) Eingang. Da man glaubte, dass diese rituellen Opfer von einer internationalen jüdischen Verschwörung organisiert würden, bildete sich ein im 19. Jahrhundert sehr wirksames Denkmuster heraus, das gegen die Juden und gegen die Illuminaten gerichtete Vorstellungen in sich vereinte.

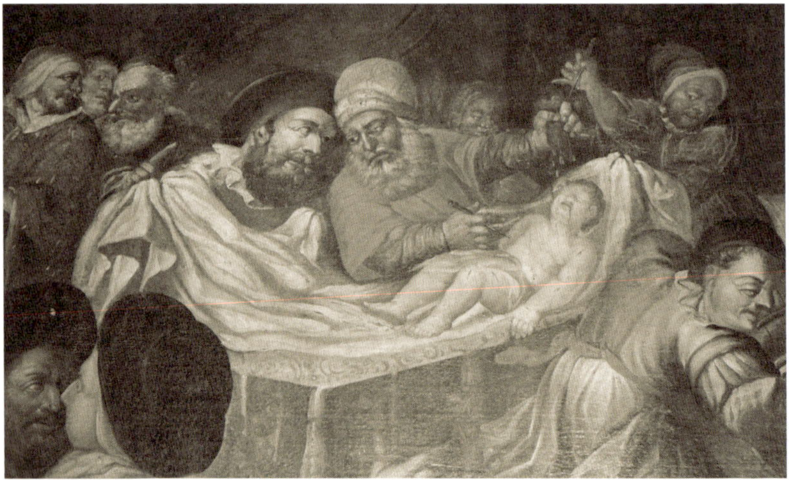

**Oben:** Gemälde aus dem 18. Jahrhundert zur Ritualmordlegende.

Ihre letzte Blüte erreichten derlei Ideen im späten 19. Jahrhundert in Russland, wo Agenten im Dienste des Zaren den Auftrag erhielten, antisemitische Propaganda zu verbreiten. In Zusammenarbeit mit der Geheimpolizei verfasste ein fanatischer Antisemit namens Mathieu Golowinski die *Protokolle,* mit denen sich nach ihrem Erscheinen im Jahr 1905 staatliche Unterdrückungsmaßnahmen gegen russische Juden bestens rechtfertigen ließen. In einer 1920 erschienenen Artikelserie entlarvte die Londoner *Times* Golowinskis Machwerk als plumpes Plagiat, genauer: als direkte Kopie von Maurice Jolys Traktat *Gespräche in der Unterwelt zwischen Machiavelli und Montesquieu,* entstanden 1864. Dieser Text versteht sich als Satire auf die großspurigen Pläne Napoleons III., und so musste Golowinski nur das Wort „Napoleon" durch „die Juden" ersetzen. Jolys Traktat basiert übrigens auf einem noch früheren Werk, in dem die Jesuiten verhöhnt werden.

Trotz der Enthüllungen in der *Times* veröffentlichte Fords *Dearborn Independent* die *Protokolle* erneut, und sie entwickelten sich im Kreis der englischsprachigen Verschwörungstheoretiker zu einer festen Größe. Heute gelten sie als eines der unrühmlichsten Beispiele dafür, wie eine Verschwörungstheorie dazu genutzt werden kann, ganze Gruppen und Ethnien zu dämonisieren – mit tragischen Folgen über Jahre hinweg. Etliche wilde Spekulationen aus den Kreisen der Verschwörungsparanoiker – wie etwa dass die American Civil Liberties Union im Dienst der Illuminaten stehe oder dass die „internationalen Banken" eine bösartige Macht darstellten – sollten im Kontext der Verschwörungstheorien im Stil der *Protokolle* gesehen werden.

## Weltweiter Einfluss: 10/100

Die Weisen von Zion sind reine Erfindung. Ihre falschen *Protokolle* jedoch waren sehr einflussreich in Bezug auf die Verknüpfung antisemitischer Ideen mit paranoiden Theorien und Fantasien über eine Historische Weltverschwörung. Noch heute werden die *Protokolle,* wie im gesamten 20. Jahrhundert, bisweilen als Beweistexte zitiert.

## Wie tritt man bei?

Glaubt man den *Protokollen,* so sind Freimaurer und Illuminaten bloße Tarnorganisationen der Weisen von Zion, sodass eine Mitgliedschaft in einer dieser Gruppen automatisch auch eine Mitgliedschaft bei den Weisen von Zion bedeutet. Für antisemitische Verschwörungsparanoiker gilt jeder Jude als potenzielles Mitglied.

Teil 2:

# Mystische und okkulte Gesellschaften

# Rosenkreuzer

**Die von der Legendengestalt Christian Rosenkreutz gegründete Vereinigung galt als Kaderschmiede für Gelehrte und Magier, die das Europa der frühen Neuzeit verändern wollten.**

| | |
|---|---|
| Ursprung: | unbekannt |
| Entstehung: | ca. 1407 |
| Gründer: | Christian Rosenkreutz |
| Status: | erfunden |

## Geschichte

Im frühen 17. Jahrhundert begeisterten sich Europas Intellektuelle für drei Publikationen, die auf die Existenz eines Geheimbunds namens „Bruderschaft vom Rosenkreuz" hindeuteten. Zwischen 1614 und 1616 erschienen in Deutschland die drei Werke *Bericht über die Rosenkreuzer, Bekenntnis der Bruderschaft* und *Chymische Hochzeit des Christian Rosenkreutz,* die gemeinsam als die „Manifeste der Rosenkreuzer" bekannt wurden. Sie berichten vom Leben und Wirken eines angeblich im Jahr 1380 in Deutschland geborenen Adligen, der sich das Pseudonym Christian Rosenkreutz zulegte. Dieser habe den Orient bereist und dort die okkulten Wissenschaften studiert. Zurück in Deutschland habe er eine Akademie gegründet und acht handverlesenen Eingeweihten (den Mitgliedern der sogenannten „Unsichtbaren Universität" – siehe S. 16) seine eigene Mischung aus Religion, Wissenschaft, Medizin und okkultem Wissen nahegebracht. Nach seinem Tod im Alter von 104 Jahren sei Rosenkreutz in einer achteckigen Gruft bestattet worden, und seine Schüler hätten den Auftrag erhalten, insgeheim in seinem Sinne weiterzuarbeiten, bis die Zeit reif sei, sich der Welt zu offenbaren und das menschliche Dasein von Grund auf zu revolutionieren. Den Manifesten zufolge sei die Wiederentdeckung des Rosenkreutz-Grabes im Jahr 1604 der Auslöser gewesen, sich zu erkennen zu geben.

Die Manifeste basieren auf einer wirksamen Mischung aus Symbolen und Allegorien – die Rose und das Kreuz etwa sind zutiefst symbolische Attribute, die auf männliche und weibliche Tugenden, auf die Elemente, die Religion und vieles mehr verweisen. Die in den Manifesten enthaltenen „Geheimnisse" beziehen sich auf alchemistische und theosophische Erkenntnisse sowie auf wiederentdecktes uraltes Wissen. Angestrebt wird eine geistige, moralische, philosophische und politische Revolution. Aller offizieller Ächtung zum Trotz ergriffen einige von Europas führenden Wissenschaftlern Partei für die Rosenkreuzer.

So verfassten der englische Arzt und Alchemist Robert Fludd und der deutsche Diplomat, Arzt und Alchemist Michael Maier Traktate, in denen sie die Bruderschaft in höchsten Tönen loben. Zu den ersten, die ganz offiziell den Rosenkreuzern beitraten, gehörte der englische Altertumsforscher und Tagebuchschreiber Elias Ashmole. 1646 notiert er, er habe zusammen mit einigen anderen (wie etwa dem Astrologen William Lilly) in London eine Loge der Rosenkreuzer gegründet.

## Verschwörungstheorien

Etliche Verschwörungstheoretiker nehmen die Manifeste für bare Münze und glauben, dass sie tatsächlich die Existenz einer supergeheimen Organisation beweisen, deren Ziel die Weltrevolution ist. Von besonderem Interesse ist hierbei die wahre Identität von Christian Rosenkreutz und seiner wichtigsten Schüler, der „Unsichtbaren". Die Manifeste weisen starke Parallelen zu den Arbeiten des Mystikers Jakob Boehme auf, dem Begründer der Theosophie. Auch zu den Schriften des Astrologen, Magiers und Gelehrten Dr. John Dee bestehen Ähnlichkeiten, des Weiteren zu denen des Politikers und Philosophen Sir Francis Bacon. Alle diese Männer waren als der „echte Rosenkreutz" im Gespräch – wie übrigens auch Leonardo da Vinci oder William Shakespeare. Als Kandidaten für die „Unsichtbaren" galten so ziemlich alle wichtigen Mystiker, Philosophen, Künstler und Geheimwissenschaftler der letzten 400 Jahre – von Isaac Newton bis zu Picasso. Auch haben die Rosenkreuzer angeblich die Freimaurer begründet und alle größeren Revolutionen angefacht, darunter die amerikanische, die französische und die russische.

## Kritischer Blick

Die schriftliche Spur der Manifeste führt nirgendwohin. Und nach der „wahren" Identität des

Symbolisme de la Rose-Croix.

**Rechts:** Symbolische Darstellung des Rosenkreuzes mit astrologischen und alchemistischen Ergänzungen.

Christian Rosenkreutz und der Unsichtbaren zu forschen, ist sinnlos, denn es hat die Rosenkreuzer nie gegeben.

Das dritte und letzte der Manifeste, die *Chymische Hochzeit*, gilt allgemein als Werk des deutschen Theologen Johann Valentin Andreae, während die beiden anderen wahrscheinlich von Andreae und dem Tübinger Kreis verfasst wurden – einer Gruppe von Tübinger Gelehrten, der auch Andreae selbst angehörte. Diese Männer waren es, die sich die Manifeste als eine Art literarischen Gesellschaftsspiel ausdachten. Möglicherweise waren auch Boehme, Bacon, Fludd, Maier und andere daran beteiligt, denn sie alle wussten wohl von dem Spiel. Ihre gemeinsame Erfindung war so erfolgreich, dass einige Freimaurer wie etwa Ashmole und Lilly sich mit ihr und ihren dem Zeitgeist entsprechenden Inhalten identifizierten.

Solche Nachahmer gelten heute zu Recht als „Pseudo-Rosenkreuzer“ und damit als eine eigene Kategorie. Sie gründeten eigene Organisationen wie den Orden der Gold- und Rosenkreuzer (siehe S. 41) und die Societas Rosicruciana (siehe S. 46). Viel interessanter als die Frage, wer genau die Erfinder der Rosenkreuzer waren, ist jedoch die Frage, warum die Manifeste überhaupt veröffentlicht wurden. Einer Theorie zufolge sollte ihre angeblich stark protestantische Ausrichtung Unterstützer anlocken – und zwar für den protestantischen Pfalzgrafen Friedrich V., der gegen die katholischen Habsburger um den böhmischen Thron kämpfte.

## Weltweiter Einfluss: 27/100

Obwohl die Rosenkreuzer mit an Sicherheit grenzender Wahrscheinlichkeit eine Erfindung waren, übten sie doch einen bemerkenswerten Einfluss aus. Ihr Gedankengut verbreitete sich in intellektuellen Kreisen und spielte beispielsweise bei der Gründung der Londoner Royal Society eine Rolle (siehe Die Unsichtbare Universität, S. 16).

## Wie tritt man bei?

Finden Sie das Grab von Christian Rosenkreutz (erkennbar an der achteckigen Gruft) und nehmen Sie Kontakt zu einem der Unsichtbaren auf. Beeindrucken Sie ihn mit Ihrem enzyklopädischen Wissen über Naturphilosophie, Theosophie und Okkultismus.

# Orden der Gold- und Rosenkreuzer

**Deutscher Freimaurerorden, der sich auf das Erbe der Rosenkreuzer beruft. Führte Alchemie und Okkultismus in die Freimaurerei ein und war im 18. Jahrhundert kurzzeitig die Macht hinter dem preußischen Thron.**

| | |
|---|---|
| Ursprung: | Deutschland |
| Entstehung: | um 1750 |
| Gründer: | Herman Fichtuld |
| Status: | erloschen |

## Geschichte

1710 veröffentlichte Sigmund Richter unter dem Pseudonym Sincerus Renatus die angeblichen Gesetze der Bruderschaft vom Gold- und Rosenkreuz. Rund 40 Jahre später gründete der deutsche Alchemist Hermann Fichtuld auf der Grundlage dieser Schrift einen neuen Freimaurerorden, nämlich den Orden der Gold- und Rosenkreuzer. Nur Freimaurermeister (also Inhaber des dritten und damit höchsten Grades bei den Freimaurern) konnten dem Orden beitreten, und zwar auf unterster Ebene. Erst wenn sie eine Art alchemistisch-okkultistisches Forschungsprogramm durchliefen, zu dem auch praktische Experimente gehörten, konnten sie stufenweise acht höhere Grade erwerben: Theoreticus, Practicus, Philosophus, Adeptus Minor, Adeptus Major, Adeptus Exemptus, Magister und Magus.

Die Mitglieder streuten das Gerücht, ihr Orden sei um Christi Geburt von dem ägyptischen Magier Ormus gegründet worden. Er habe die neue Religion angenommen und seine alten ägyptischen Überlieferungen mit der mystischen Philosophie Jesu Christi und der Essener verbunden, einer jüdischen Sekte der damaligen Zeit.

Unter aristokratischen Freimaurern in Deutschland war der Orden sehr populär, auch der preußische Kronprinz Friedrich Wilhelm trat ihm 1781 bei. Fünf Jahre später starb sein Onkel, und Friedrich Wilhelm bestieg den Thron. Hierdurch erlangte der Orden eine recht einflussreiche Position bei Hof, doch dieser Einfluss hielt nur so lange an, wie Friedrich Wilhelm regierte. Als er 1797 starb, fiel der Orden in Ungnade und löste sich offenbar kurze Zeit später im Chaos der Napoleonischen Kriege auf.

## Verschwörungstheorien

Sowohl in der alternativen Geschichtsschreibung als auch unter Verschwörungstheoretikern und in den eigenen Reihen waren und sind der Orden mit dem Gründungsmythos der Freimaurer verbunden. Glaubt man diesem, so sei das Wissen um den alten, von Ormus gegründeten Rosenkreuzorden mit von den Kreuzzügen zurückkehrenden Tempelrittern nach Europa gelangt und habe bei der Gründung der Freimaurer eine Rolle gespielt. Angeblich hätten schottische Templer die Freimaurerei begründet, um ihr Wissen vom Rosenkreuzorden weiterzugeben. Die Freimaurerlogen hätten dabei eine Art Schaufensterfunktion erfüllt: Aus den Reihen ihrer Mitglieder seien jene Kandidaten ausgewählt worden, die für die „höheren" Geheimnisse des Ordens der Gold- und Rosenkreuzer geeignet schienen. Durch ihre Macht über Friedrich Wilhelm II. sei es den Ordensmitgliedern später möglich gewesen, dauerhafte Institutionen der Rosenkreuzer zu etablieren. Genauer gesagt sei der Orden an der Gründung von Nachfolgeorganisationen wie der Societas Rosicruciana (siehe S. 46) und dem Hermetischen Orden der Goldenen Morgenröte (siehe S. 48) unmittelbar beteiligt gewesen.

## Kritischer Blick

Der Orden der Gold- und Rosenkreuzer war ganz einfach ein Ableger der Freimaurer und nicht stärker mit dem Altertum verbunden als diese, d. h. überhaupt nicht. Er wurde erfunden, um ein Bedürfnis nach Esoterik mit reaktionärer Note zu befriedigen, das im damaligen Deutschland gerade in Mode war. Inhaltlich basiert er vor allem auf Richters Buch. Die einzige Verbindung mit späteren angeblichen Rosenkreuzer-Organisationen bestand darin, dass diese auf ganz ähnliche Weise entstanden. Und des Ordens kurzer Flirt mit echter politischer Macht fand ein abruptes Ende ohne jegliche Folgen.

## Weltweiter Einfluss: 22/100

Als eine der wenigen geheimen Organisationen, die tatsächlich politische und kulturelle Macht ausübten, kann der Orden von sich behaupten, die Geschichte beeinflusst zu haben – wenn auch nur für kurze Zeit. Verglichen mit späteren Geheimgesellschaften war er recht einflussreich.

## Wie tritt man bei?

Der Orden existiert nicht mehr. Wenn es ihn noch gäbe, müssten Sie Freimaurermeister werden, einen deutschen Adelstitel erwerben, sich mit Alchemie und Okkultismus beschäftigen und das Beste hoffen.

# Theosophische Gesellschaft

**Die Theosophische Gesellschaft befasst sich noch heute mit geheimem Wissen über Atlantis, zu übersinnlichen Kräften und zur verborgenen Geschichte der letzten eine Million Jahre.**

| | |
|---|---|
| Ursprung: | USA |
| Entstehung: | 1875 |
| Gründer: | Helena Blavatsky |
| Status: | aktiv, weltweit |

## Geschichte

Auch wenn die Theosophische Gesellschaft kein Geheimbund im strengen Sinne ist, hat sie doch die Entstehung späterer okkulter und esoterischer Organisationen mit ähnlichen Grundsätzen und Merkmalen maßgeblich beeinflusst. Gegründet wurde die Gesellschaft 1875 in New York von der russischen Emigrantin Helena Petrovna Blavatsky, besser bekannt als Madame Blavatsky, einer selbst ernannten Hellseherin und Prophetin mit bemerkenswerter Lebensgeschichte. Die Tochter einer russischen Adelsfamilie wurde von ihrem Urgroßvater, einem Freimaurer und Rosenkreuzer, in die esoterischen Geheimnisse eingeweiht. Sie gab an, in Istanbul und Kairo Mystik und Magie studiert zu haben, und besaß nach eigener Aussage schon als Kind hellseherische Fähigkeiten. Hartnäckig behauptete sie, in Tibet gewesen und jene unsterblichen, mit Superkräften ausgestatteten Weisen besucht zu haben, die als die Aufgestiegenen Meister bekannt seien. Sie hätten ihr von der geheimen Geschichte der Menschheit erzählt – von Millionen Jahren der Rassenkriege, der untergegangenen Zivilisationen und der übersinnlichen Kräfte.

Anfang der 1870er-Jahre lebte Blavatsky in Kairo, nutzte ihre hellseherischen Fähigkeiten zum Broterwerb und arbeitete als spiritistisches Medium. Nachdem sie aufgrund von Betrugsvorwürfen, mit denen sie ihr Leben lang zu kämpfen hatte, aus Ägypten ausgewiesen worden war, zog sie nach Amerika. In New York traf sie ihren wichtigsten Unterstützer, den Anwalt und Journalisten Henry Steel Olcott. Gemeinsam gründeten sie die Theosophische Gesellschaft, um Blavatskys theosophische Lehren zu verbreiten. Angeblich geschah dies auf Bitten der Aufgestiegenen Meister, die freundlicherweise mehrere Briefe verfasst hatten, in denen sie ihr Wissen darlegten. Die Theosophische Gesellschaft versuchte, eine Reihe orientalischer Religionen, Philosophien und Mysterien mit einer wissenschaftlichen Weltsicht zu verbinden. Am Umstrittensten waren sicherlich Blavatskys Ansichten zu den sogenannten „Wurzelrassen“, die einander im Frühstadium der menschlichen Entwicklung bekämpft

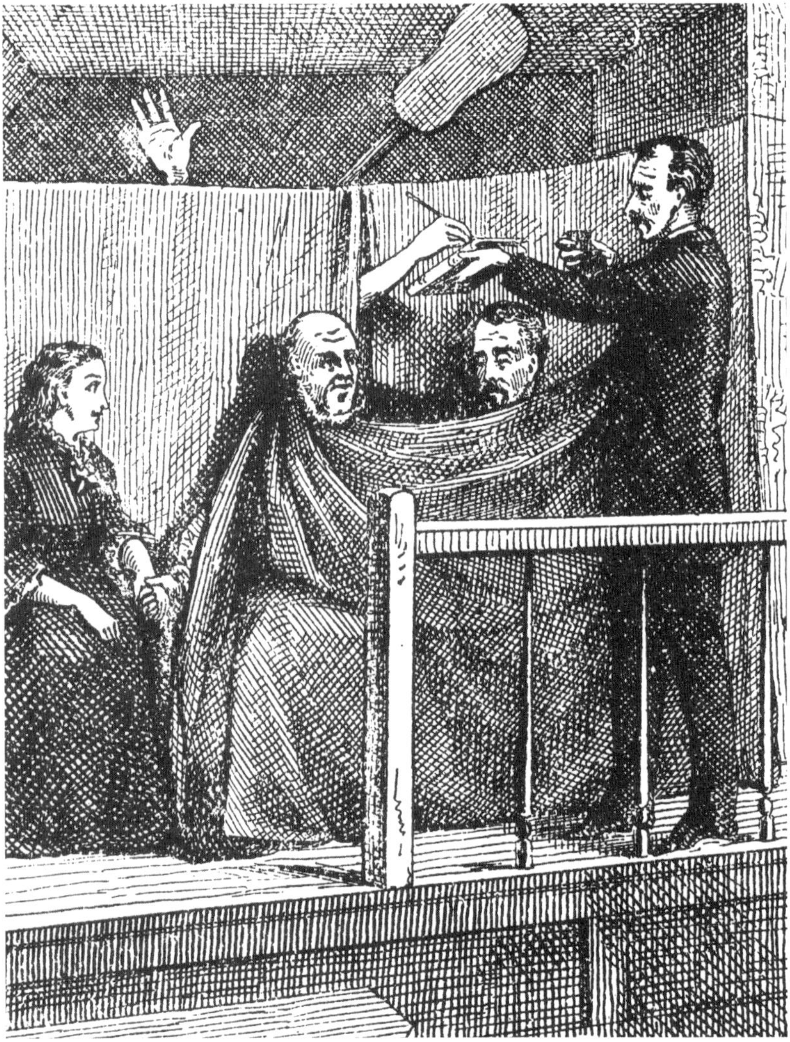

**Oben:** Zeitungsausschnitt mit Darstellung von Helena Petrovna Blavatsky (links) bei einer historisch nicht gesicherten Séance im Jahr 1873. Mit Betrugsvorwürfen hatte sie zeitlebens zu kämpfen.

hätten. Dabei hätten die bösen, dunkelhäutigen Rassen versucht, die edlen, hellhäutigen Rassen zu vernichten.

Aufgrund ihrer klugen Mischung aus Spiritismus, exotischen östlichen Religionen und einem modernen wissenschaftlichen Anstrich gewann die Theosophische Gesellschaft schnell an Mitgliedern. Auch waren Blavatskys Bücher ausgesprochen populär. 1882 verlegte die Gesellschaft ihren Sitz nach Indien, und auch wenn Mitglieder der Londoner Society for Psychical Research Madame Blavatsky 1885 eine Betrügerin nannten, überstand die Theosophische Gesellschaft auch diesen Angriff. Sie besteht noch heute und unterhält Niederlassungen auf der ganzen Welt.

## Verschwörungstheorien

Die Theosophie der Madame Blavatsky hat zahlreiche Elemente diverser Verschwörungstheorien hervorgebracht. Hierzu gehören unter anderem die Idee einer geheimen Gruppe okkulter Meister, die die Geschicke der Menschheit vom Himalaja aus lenken, die Sage von Atlantis und die epische Erzählung von den edlen Kämpfern, die die Menschheit in einem unendlichen Rassenkrieg gegen die degenerierten, unmenschlichen Illuminaten verteidigen. Die Fundamentalisten unter den Verschwörungsparanoikern betrachten die Theosophie als eine weitere Form der Gehirnwäsche im Sinne des satanischen Zeitalters und/oder als Teil einer größeren Verschwörung der Illuminaten, um die Wahrheit über die menschliche Geschichte zu verfälschen.

## Kritischer Blick

Madame Blavatsky war eine Scharlatanin und Betrügerin. Ihre Aufgestiegenen Meister waren ganz offensichtlich eine Erfindung, und sie rührte aus Pseudowissenschaft und moderner Philosophie ganz einfach einen inkohärenten Cocktail zusammen – mit einem Schuss unappetitlicher Rassentheorie als Dreingabe.

## Weltweiter Einfluss: 20/100

Im Gegensatz zu dem, was die Theosophische Gesellschaft von sich behauptet, ist es nicht sehr wahrscheinlich, dass das Wissen um ihre Geheimnisse viel zum Weltfrieden beigetragen hat. Die Theosophie übte jedoch einen großen kulturellen Einfluss auf die Ariosophen (siehe S. 53) und die Anhänger diverser New-Age-Bewegungen aus.

## Wie tritt man bei?

Besuchen Sie die Webseite der Theosophischen Gesellschaft unter www.ts-adyar.org und finden Sie eine Niederlassung in Ihrer Nähe.

# Societas Rosicruciana

**Die mit den Freimaurern verwandte Societas Rosicruciana war sehr einflussreich im Hinblick auf die Gründung weiterer esoterischer Organisationen. Noch heute führt sie ihre Mitglieder in die Geheimnisse des Okkulten ein.**

| | |
|---|---|
| Ursprung: | England |
| Entstehung: | 1866 |
| Gründer: | Kenneth Mackenzie, Robert Wentworth Little |
| Status: | aktiv, USA |

## Geschichte

Im Viktorianischen Zeitalter hatte sich das Rosenkreuzertum zu einer beliebten Form des Okkultismus entwickelt, denn in ihm verband sich der Reiz des Magischen mit der Sicherheit eines soliden christlichen Zusammenhangs. Zusätzlich wurde das Profil der Rosenkreuzer durch den enormen Erfolg des 1842 erschienenen Romans *Zanoni* von Edward Bulwer-Lytton geschärft, in dem die Abenteuer eines unsterblichen Eingeweihten der Rosenkreuzer erzählt und auf sehr glaubhafte Weise etliche Details zu dem Geheimbund geschildert werden.

Vor diesem Hintergrund wurde 1866 die Societas Rosicruciana in Anglia gegründet, auch bekannt als Soc Ros oder SRIA. Die Entstehungslegende der SRIA ist der von anderen Geheimgesellschaften recht ähnlich: Angeblich fand Robert Wentworth Little bei seiner Arbeit in den Gewölben der Londoner Zentrale der Freimaurer einen Stapel Papiere. Mit der Hilfe von Kenneth Mackenzie, einem Experten für Freimaurerei und Okkultismus, gelang es Little, die Dokumente zu entschlüsseln. Sie schienen Anweisungen zur Gründung einer Rosenkreuzer-Gesellschaft zu enthalten, und günstigerweise war Mackenzie bereits Mitglied eines deutschen Ablegers dieser Gruppe.

Die beiden Männer organisierten die SRIA nach dem Vorbild des Ordens der Gold- und Rosenkreuzer (siehe S. 41) – mit derselben Hierarchie vom Eingeweihten bis zum Magus. Wie auch im Orden, so mussten auch bei ihnen die Mitglieder Freimaurermeister sein und die Bereitschaft mitbringen, sich ernsthaft mit Okkultismus zu befassen. 1871 gelang es der SRIA, Edward Bulwer-Lytton selbst als Grand Patron zu gewinnen. Später wurde die Gesellschaft von William Westcott als Supreme Magus geführt.

Unter Westcott breitete sich die SRIA nach Schottland und Amerika aus (dort und anderswo besteht sie noch heute) und diente als Inspiration für den Hermetischen Orden der Goldenen Morgenröte (siehe S. 48).

## Verschwörungstheorien

Wenn die Erzählungen von Little und Mackenzie stimmen, dann bildet die SRIA die Fortsetzung einer geheimnisvollen und womöglich uralten Rosenkreuzer-Tradition mit geheimen Meistern, die ihr weltveränderndes Wissen an einige wenige Eingeweihte weitergeben. Die Verschwörungstheoretiker glauben dies ganz sicher und sehen in der SRIA ein weiteres Instrument der Illuminaten zur Einführung der Neuen Weltordnung. Zudem verderbe die SRIA das Denken leicht zu beeinflussender Menschen durch Gehirnwäsche und lasse sie an okkulte und satanische Inhalte glauben.

## Kritischer Blick

Die Geschichte von den tief in den Archiven gefundenen Dokumenten ist genau das: eine Geschichte. Diese frei erfundene Erzählung haben Little und Mackenzie sich ausgedacht, um dem von ihnen gegründeten Klub, in dem sie sich dem Okkulten widmen und sich mit wichtig klingenden Titeln schmücken konnten, eine Art Legitimität zu verleihen. Die angeblichen Vorläufer der SRIA sind nicht überzeugender als Blavatskys Aufgestiegene Meister, und die Anwerbung von Bulwer-Lytton als Schirmherr verrät, worum es bei der SRIA wirklich geht – nämlich um den Wunsch, aus der Rosenkreuzer-Mode Kapital zu schlagen. Bei dem Geheimwissen, über das die SRIA und ähnliche Organisationen verfügen, handelt es sich um eine diffuse Mischung aus verfälschter Geschichte und esoterischer Nabelschau.

## Weltweiter Einfluss: 9/100

Selbst die gutgläubigsten Beobachter können wohl kaum behaupten, die SRIA habe in der Geschichte der Menschheit eine führende Rolle gespielt. Sie hatte allerdings einen realen Einfluss auf die Entwicklung der Esoterikkultur.

## Wie tritt man bei?

Der amerikanische Ableger der SRIA betreibt die Webseite www.sria.org und bietet Kurse sowie Links zu ähnlichen Gesellschaften an.

# Hermetischer Orden der Goldenen Morgenröte

| | |
|---|---|
| Ursprung: | England |
| Entstehung: | 1887 |
| Gründer: | verschiedene |
| Status: | erloschen |

**Obwohl es diese Geheimgesellschaft nur kurze Zeit gab, erlangte sie doch durch ihre illustren Mitglieder, ihre einflussreiche Magie und ihre Fülle an Splittergruppen dauerhafte Berühmtheit.**

## Geschichte

Der Hermetische Orden der Goldenen Morgenröte (HOGD, Hermetic Order of the Golden Dawn) wurde 1887 von dem Londoner Arzt William Westcott, dem exzentrischen Okkultisten Samuel Liddell MacGregor Mathers und dem Arzt William Woodman gegründet, nachdem Westcott ein in Geheimschrift verfasstes Dokument entdeckt hatte, das Anleitungen zur Struktur und zu den Riten einer magischen Organisation enthalten haben soll. Auf diese Weise entstand eine neue Geheimgesellschaft, die der SRIA (siehe S. 46) sehr ähnlich war, doch es fehlte ihr die nötige Glaubwürdigkeit, um für neue Mitglieder (und speziell für die Freimaurer) attraktiv zu sein. Glücklicherweise stieß Westcott bald auf Briefe eines mysteriösen Fräulein Sprengel, das einem deutschen Orden namens Die Goldene Dämmerung vorstand. Er kontaktierte die Dame, und diese gab ihm die Erlaubnis, einen Ableger des Ordens in England zu gründen. Daraufhin eröffneten Westcott und seine Mitgründer einen ersten Tempel des Hermetischen Ordens der Goldenen Morgenröte und nannten ihn in Anlehnung an die antiken Göttinnen der Zauberei den Isis-Urania-Tempel.

Die Organisation, die Westcott und Mathers gemeinsam erdacht hatten, war der SRIA tatsächlich sehr ähnlich. Auch bei ihnen gab es neun verschiedene Grade, die allerdings auf drei Orden verteilt waren. Es gab den Ersten oder Äußeren Orden, den Zweiten Orden mit den Graden Adeptus Minor, Adeptus Major und Adeptus Exemptus sowie einen geheimen Dritten Orden. Aufgrund einer etwas seltsamen und verwirrenden Regelung standen Westcott, Woodman und Mathers im Rang eines Adeptus Minor, und behaupteten, den Geheimen Oberen des Ordens, die den Rang eines Adeptus Exemptus bekleideten, unterstellt zu sein – tatsächlich aber waren diese Geheimen Oberen niemand anderes als Westcott, Woodman und Mathers selbst.

Was den Dritten Orden betraf, so waren seine Mitglieder angeblich immaterielle Wesen aus der Astralwelt, d. h. aus einer anderen Dimension. Für die einzelnen Grade wurden unterschiedliche okkulte Lerninhalte angeboten: Astrologie und Tarot für den ersten Grad, rituelle Magie, Wahrsagerei, Astralreisen und Alchemie für den zweiten.

Schon bald hatte der Orden mehr als 100 Mitglieder, und weitere Tempel in Weston-super-Mare, Bradford und Edinburgh entstanden. Die Mitgliedschaft stand Männern und Frauen offen. was für einen Orden, der in der Tradition der Freimaurer stand, sehr ungewöhnlich war. Zu den berühmtesten Mitgliedern zählten der Dichter W. B. Yeats, die Schauspielerin Florence Farr, der Schriftsteller Arthur Machen und der Okkultist A. E. Waite. Mathers entwickelte ein ausgeklügeltes System aus Magie und Ritual und ließ irgendwann sogar die achteckige Gruft aus der Christian-Rosenkreutz-Legende nachbauen. Als Westcott 1897 zurücktrat, übernahm Mathers den Vorsitz des Ordens, doch schon bald drohte dieser an internen Streitigkeiten zu zerbrechen. Die Lage spitzte sich zu, als Mathers gegen den Willen der übrigen Mitglieder einen ehrgeizigen, aber unbeliebten jungen Eingeweihten namens Aleister Crowley (siehe S. 51) in den Zweiten Orden aufnahm. 1903 schließlich brach die Gemeinschaft unter gegenseitigen Schuldzuweisungen auseinander und spaltete sich in „Tochterorganisationen“ auf, darunter Alpha et Omega und Stella Matutina (siehe S. 55).

## Verschwörungstheorien

Für Anhänger von Verschwörungstheorien steht der HOGD ebenso wie der Orden der Gold- und Rosenkreuzer und die SRIA in einer langen Tradition der Rosenkreuzer, die bis zu den geheimnisumwitterten Ursprüngen dieser Bruderschaft in biblischen Zeiten oder noch davor zurückreicht.

Für die Extremisten und Fundamentalisten unter den Verschwörungsparanoikern ist der Orden wahrscheinlich der sichtbarste und unangenehmste

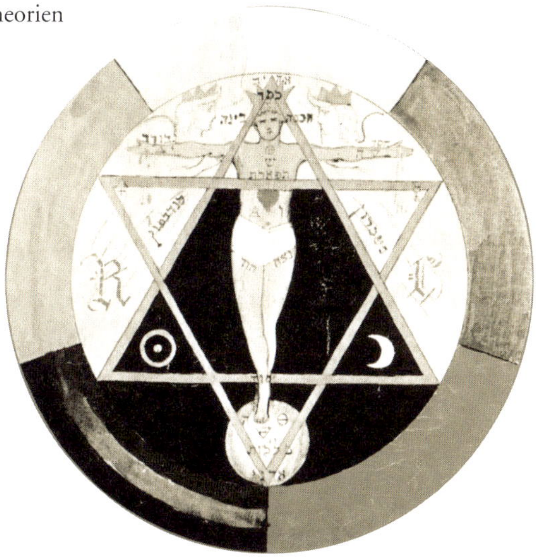

**Rechts:** Rosenkreuzer-Symbolik beim Hermetischen Orden der Goldenen Morgenröte.

Ausdruck einer dunklen Intrige zur Unterminierung der christlichen Zivilisation durch schwarze Magie, satanische Kulte und eine degenerierte Lebensweise. So diente der Orden zum Beispiel als Ausbildungsstätte für den wohl berühmtesten Schwarzmagier der jüngeren Geschichte, nämlich jenen Aleister Crowley, der später seinen Unfug in Amerika, Italien und anderswo verbreitet habe und so zu einer Art Kultfigur avanciert sei, zu einem Antihelden des Underground und zum Posterboy der Illuminaten-Verschwörung. Inzwischen jedoch, so sagen die Verschwörungstheoretiker, sei ans Licht gekommen, wer die wahren Architekten der Weltverschwörung seien – und zwar dadurch, dass der HOGD zugegeben habe, dass die Mitglieder seines Dritten Ordens Wesen aus einer anderen Dimension seien (die somit den „Außerirdischen" bei den Illuminaten entsprechen).

## Kritischer Blick

Der HOGD kann laut seinen Kritiker keineswegs auf eine jahrhundertelange Tradition zurückblicken. Westcotts Manuskript wurde höchstwahrscheinlich von Kenneth Mackenzie verfasst, einem der Gründer der Societas Rosicruciana (siehe S. 46). Fräulein Sprengel war eine reine Erfindung, ihre gefälschten Briefe in schlechtem Deutsch sollten dazu dienen, dem Lieblingsprojekt von Westcott und Mathers einen Anschein von Legitimität zu verleihen. Die von Mathers entwickelten und von den Mitgliedern des HOGD praktizierten Zauberrituale mögen tatsächlich eine gewisse psychologische Wirkung gehabt und die Gläubigen beeinflusst haben, doch von übernatürlichen Kräften kann hier keine Rede sein. Alles in allem ist der HOGD laut seinen Kritikern kaum mehr gewesen als eine Art Testgelände für Mathers' theaterreife Erfindungen und für das stümperhafte Dilettieren einiger Bohemiens, die sich von der Exotik des Okkulten angezogen fühlten.

## Weltweiter Einfluss: 20/100

Aufgrund seines enormen kulturellen Einflusses erreicht der HOGD eine recht hohe Punktzahl. Zahlreiche spätere Darstellungen und Interpretationen des Magischen, des Okkulten und selbst des Satanischen gehen auf den HOGD zurück.

## Wie tritt man bei?

Der ursprüngliche HOGD existiert nicht mehr, doch mehrere heutige Orden berufen sich auf ihn und tragen denselben Namen. Besuchen Sie beispielsweise die Seite www.golden-dawn-berlin.de. Viel interessanter ist die Frage, wie man Mitglied des Dritten Ordens wird – denn dafür muss man ein Astralwesen sein!

# Ordo Templi Orientis

**Dank seiner Verbindung zu Aleister Crowley wurde dieser von den Freimaurern inspirierte Orden, in dem Sexualmagie betrieben wurde, zu einer der berühmtesten magischen Geheimgesellschaften.**

| | |
|---|---|
| Ursprung: | Schweiz |
| Entstehung: | 1905 |
| Gründer: | Carl Kellner, Theodor Reuß |
| Status: | aktiv, weltweit |

## Geschichte

Der 1905 gegründete Ordo Templi Orientis (Orden der Orienttempler oder OTO) war eine Erfindung des deutschen Journalisten Theodor Reuß und des österreichischen Industriellen Carl Kellner. Beide waren sie Freimaurer und Theosophen mit großem Interesse am Okkulten und insbesondere an der Sexualmagie.

Die erste Loge des Ordens entstand in der Schweiz ganz in der Nähe des Monte Verità, der damals von Vorläufern der Hippie-Bewegung bewohnt wurde. 1912 nahm Reuß Kontakt zu Aleister Crowley auf, der ehemals Mitglied des HOGD gewesen war und zwischenzeitlich eine eigene Geheimgesellschaft namens Argenteum Astrum („Silberner Stern") gegründet hatte, die allerdings nicht lange bestand. Crowley war eine charismatische und faszinierende Gestalt. Von Jugend an Okkultist, war er durch die Welt gereist und hatte sich von alten Traditionen und übernatürlichen Offenbarungen inspirieren lassen, die zu der von ihm entwickelten „Thelemischen Doktrin" passten.

Crowley verfolgte also vorrangig seine eigenen Interessen, und der OTO zerfiel bald in einander bekämpfende Gruppen. Einige Anhänger von Reuß gründeten später den langlebigen und sehr populären Alten Mystischen Orden vom Rosenkreuz (AMORC), während ein Gefolgsmann Crowleys, der Raketenpionier Jack Parsons, in Kalifornien die Agape Lodge leitete. Die Spaltung des OTO vertiefte sich, und die rivalisierenden Parteien trugen ihren Kampf um das Erbe des Ordens sogar vor Gericht aus. Trotz alledem ist dieser bis heute eine der größten und aktivsten Geheimgesellschaften, wenn auch in unterschiedlicher Gestalt.

## Verschwörungstheorien

In der von den Verschwörungstheoretikern vertretenen Lesart der Geschichte ist der OTO ein Werkzeug der Illuminaten zur Pervertierung der Kultur und zur Verbreitung satanischer Praktiken.

Auch kursieren widersprüchliche und unklare Gerüchte über den Orden und seine Rolle im Zweiten Weltkrieg. Einer Erzählung zufolge soll Crowley 1941 vom britischen Geheimdienst den Auftrag erhalten haben, im Ashdown Forest in Sussex eine magische Zeremonie abzuhalten. Diese habe dann zu dem mysteriösen Englandflug von Hitlers Stellvertreter Rudolf Hess geführt. Gleichzeitig soll der OTO über Jack Parsons auf undurchsichtige Weise am US-amerikanischen Raketenprogramm beteiligt gewesen sein. Im Rahmen der „Operation Paperclip“, mit der die Raketenspezialisten der Nazis nach Amerika gebracht wurden, soll der OTO die schwarze Magie der deutschen Kriegsführung für alliierte Zwecke nutzbar gemacht haben.

## Kritischer Blick

Sämtliche Geschichten, die den OTO mit magischen Ritualen während des Krieges und mit Verschwörungen aus der Nachkriegszeit in Verbindung bringen, seien reine Erfindung, sagen die Kritiker. Ursprünglich war der Orden kaum mehr als ein Hilfsmittel zur Umsetzung der sexuellen Fantasien triebhafter alter Männer, später diente er als Goldesel für Crowley, der inzwischen drogensüchtig und immer knapp bei Kasse war.

## Weltweiter Einfluss: 17/100

Durch seine Verbindungen zu frühen Reformbewegungen des 20. Jahrhunderts wie dem Monte Verità und der Agape Lodge spielte der OTO sicherlich eine Rolle bei der Entstehung und Verbreitung gegenkultureller Ideen und Praktiken.

## Wie tritt man bei?

Noch heute existieren Nachfolgeorganisationen des OTO. Alles über eine mögliche Mitgliedschaft finden Sie unter www.oto.de.

**Rechts:** Der Okkultist Aleister Crowley um 1921.

# Ordo Novi Templi

**Gruppen wie diese stehen für die dunkle Seite der Geheimgesellschaften, denn sie bereiteten den Boden für die rassistischen und geschichtsverfälschenden Ideen der Nazis.**

| | |
|---|---|
| Ursprung: | Deutschland |
| Entstehung: | 1907 |
| Gründer: | Jörg Lanz von Liebenfels |
| Status: | erloschen |

## Geschichte

Ab den späten 1850er-Jahren trugen im deutschen Sprachraum verschiedene Ideen und Befürchtungen zur Entstehung einer Ideologie bei, die zuweilen als Ariosophie bezeichnet wird. Diese Ariosophie basierte auf einer esoterischen Interpretation von Religion, Mystik und Geschichte der alten Germanen. Vorchristliche Runendichtungen und ähnliche Überlieferungen verschmolzen hier mit antisemitischem Gedankengut zu einer panhistorischen Fantasievorstellung, in der sogenannte „Arier" in einem gewaltigen Kampf gegen degenerierte Rassen von „Untermenschen" um das eigene Überleben und um das Schicksal der Menschheit ringen. Die Ariosophen gründeten mehrere Geheimgesellschaften, die wichtigste davon war der Ordo Novi Templi (Neutemplerorden oder ONT).

Der ONT wurde 1907 von Jörg Lanz von Liebenfels als moderne Version eines mittelalterlichen Kriegermönchordens mit arisch-rassistischer Ausrichtung gegründet. Sitz des Ordens war ein Schloss, und von den Mitgliedern wurde erwartet, dass sie einer Art mönchischem Regelwerk folgten. Wollte man innerhalb des Ordens aufsteigen, musste man mehrere Prüfungen zur rassischen Reinheit bestehen. Lanz von Liebenfels gehörte auch zu den Gründern der Guido-von-List-Gesellschaft, die für das Werk eines österreichischen Schriftstellers warb, der bei der Formulierung der ariosophischen Theorien eine wichtige Rolle gespielt hatte. Von dieser Gesellschaft wiederum leitete sich der 1908 gegründete Höhere Armanen-Orden ab, der sich okkulten Aspekten in der deutschen Geschichte widmete.

## Verschwörungstheorien

Teil der Ariosophie war die Idee einer großen historischen Verschwörung, laut der die dunklen, degenerierten Rassen (d. h. die Juden) schon seit jeher versucht hätten, mithilfe einer weltweiten Intrige die Arier zu vernichten. Der Kampf zwischen den beiden Gegnern habe (ähnlich wie bei den Theosophen) schon in prähistorischen

Zeiten begonnen und habe auch an sagenhaften Orten wie Atlantis, Hyperborea (dem „äußersten Norden“) und Thule, der mythischen Heimat der Arier, stattgefunden.

Einige dieser Ansichten sind von heutigen Verschwörungstheoretikern übernommen worden, auch wenn die antisemitischen Elemente kaum noch auszumachen sind. Lanz von Liebenfels schmückte das Verschwörungsszenario mit weiteren Details aus und behauptete, im Rahmen alter Mysterienkulte seien die Menschen dazu gebracht worden, sich mit perversen Zwergen sexuell zu vereinigen, um so das arische Blut zu besudeln und die modernen Arier um ihre okkulten Gaben zu betrügen. Der Gründer des ONT unterstützte außerdem die These des Schriftstellers Guido von List, die alten germanischen Stämme seien von den Armanen angeführt worden, einer den Druiden ähnlichen Kaste von Priester-Königen. Diese Armanen seien die Hüter des Geheimwissens der prähistorischen Arier gewesen und hätten es an Templer und Freimaurer weitergegeben.

## Kritischer Blick

Lanz war ein Zisterziensermönch, der wegen sexueller Verfehlungen aus dem Orden ausgeschlossen wurde. Sein von ihm selbst erfundener vornehmer Namenszusatz entsprach seinen aristokratischen Ambitionen. Der ONT basierte auf Fantasievorstellungen über mittelalterliche Orden und auf einer pervertierten religiösen Disziplin. Überhaupt war die Ariosophie eine in die Irre führende Mischung aus völlig diskreditierter Pseudowissenschaft und historischen Hirngespinsten. Theorien über verlorene Länder wie Hyperborea und Atlantis wurden zu einer Zeit formuliert, in der das Konzept der Plattentektonik noch nicht bekannt war, und die archäologischen und linguistischen „Beweise“, die von List und seinesgleichen beibrachten, waren allesamt gefälscht, missinterpretiert oder schlicht erfunden. Die Armanen hat es nie gegeben, und falls die Arier tatsächlich ein historisches Volk waren, so hatten sie hinsichtlich ihres Ursprungs und ihres Wesens nichts mit den Fantasien der Ariosophen zu tun.

## Weltweiter Einfluss: 25/100

Der ONT hat die Vorstellungen Hitlers beeinflusst, der zwar kein Mitglied war, aber ein eifriger Leser der Ordenszeitschrift. Wahrscheinlich diente der ONT als direkte Inspiration für die SS.

## Wie tritt man bei?

Überzeugen Sie sich zunächst, dass ausnahmslos alle Ihre Vorfahren von fiktionalen arischen Vorvätern abstammen, die in einem nicht existierenden Land lebten. Kaufen Sie dann ein Schloss und scharen Sie Faschisten mit ähnlichen Wahnideen um sich.

# Alpha et Omega und Stella Matutina

**Diese rivalisierenden Geheimgesellschaften, die beide für sich beanspruchen, die einzig wahre Nachfolgeorganisation des Hermetischen Ordens der Goldenen Morgenröte zu sein, haben seit ihrer Gründung ein komplexes und schwieriges Verhältnis zueinander.**

| | |
|---|---|
| Ursprung: | England |
| Entstehung: | frühes 20. Jahrhundert |
| Gründer: | MacGregor Mathers, Robert Felkin |
| Status: | aktiv, weltweit |

## Geschichte

Im Jahr 1903 zerfiel der Hermetische Orden der Goldenen Morgenröte (HOGD, Hermetic Order of the Golden Dawn, siehe S. 48) in drei Gruppen. Grund hierfür waren eine Reihe von Auseinandersetzungen, bei denen es um einen durch Betrüger verursachten Sexskandal und um den Machtkampf zwischen Mac Gregor Mathers und einigen Londoner Mitgliedern hinsichtlich der Aufnahme von Aleister Crowley ging (siehe S. 49). Eine von Arthur Edward Waite angeführte Gruppe, der es mehr um christlichen Mystizismus als um Magie ging, formierte sich zum Heiligen Orden der Goldenen Morgenröte. Mathers und eine Anzahl Getreuer nannten sich daraufhin Alpha et Omega (A+O), und Mathers Gegner gaben sich den Namen Stella Matutina (Orden des Morgensterns). Unter der Führung von Robert Felkin praktizierten Letztere auch weiterhin die magischen Rituale des HOGD.

Mathers starb 1918, und seine Witwe Moina übernahm die Leitung von A+O. Zu den Mitgliedern dieses Ordens gehörten Dion Fortune, die später die Fraternity of the Inner Light gründete und die wichtigste Okkultistin Englands wurde, und Paul Foster Case, der 1922 den Orden der Erbauer des Adytum ins Leben rief. Nach dem Tod von Moina Mathers im Jahr 1928 löste sich Alpha et Omega dann praktisch auf.

Derweil kämpfte Stella Matutina, nachdem Felkin 1916 nach Neuseeland ausgewandert war, ebenfalls ums Überleben. Nur in Neuseeland selbst blieb ein Tempel bis in die 1970er-Jahre hinein in Nutzung. Einer der wichtigsten Anhänger von Stella Matutina war Israel Regardie, der von 1933 bis 1934 Mitglied des Ordens war und ab 1937 sämtliche Rituale des HOGD publizierte. Doch während hierdurch die Geheimnisse des HOGD einer breiten Leserschaft bekannt wurden, trug die Veröffentlichung auch dazu bei, sowohl Alpha et Omega als auch Stella Matutina in ihrer ursprünglichen Form den Garaus zu machen. Die Kämpfe zwischen denjenigen, die behaupten, die Nachfolger von A+O und Stella Matutina zu sein, dauern bis heute an.

## Verschwörungstheorien

Die für Verschwörungstheoretiker wichtigste Fragen im Hinblick auf den HOGD und auf A+O ist die nach den Geheimen Oberen. Mathers behauptete, sie seien ein Teil von A+O, und noch 2002 behaupteten die Vorsteher des heutigen A+O-Ordens, sie seien von ihnen kontaktiert und in die Geheimnisse des dritten Grades eingeweiht worden. Für Paranoiker ist dies ein Beweis dafür, dass selbst heute noch schemenhafte Illuminatengestalten bei den aus dem HOGD hervorgegangenen Organisationen die Fäden ziehen. Einigen Quellen zufolge hätten Dion Fortune und ihre Fraternity of the Inner Light während des Zweiten Weltkriegs magische Riten vollzogen, um Großbritannien zu schützen und den okkulten Ritualen der Nazis entgegenzuwirken. Glaubt man den Anhängern dieser These, habe diese magische Schlacht um England entscheidend zum Kriegsglück der Alliierten beigetragen.

## Kritischer Blick

Skeptiker sehen in der Zersplitterung des HOGD in kleinere Gruppen einen Beweis dafür, dass es bei den meisten Geheimgesellschaften weniger um ewige Wahrheiten als vielmehr um Machtspiele und Selbstbeweihräucherung geht. Und die Behauptung, Fortunes magische Rituale hätten zu Englands Kriegsglück beigetragen, lehnen die Skeptiker ab – denn ihrer Ansicht nach gibt es so etwas wie Magie gar nicht.

## Weltweiter Einfluss: 18/100

Auch wenn man die oben zitierten Behauptungen zu kriegsentscheidender Magie getrost außer Acht lassen kann, übten Persönlichkeiten wie Fortune und Regardie durch ihren Beitrag zur Popularisierung magischer und okkulter Themen einen erheblichen kulturellen Einfluss aus.

## Wie tritt man bei?

Nachfolgeorganisationen sowohl von A+O als auch von Stella Matutina findet man im Internet.

**Gegenüber:** MacGregor Mathers (1854–1918) in einem selbst entworfenen Ritualgewand.

# Thule-Gesellschaft

**Der Geheimbund, aus dem die NSDAP hervorging, wurde mit Verschwörungen rund um Heinrich Himmler und die SS sowie mit schwarzer Magie in Verbindung gebracht.**

| | |
|---|---|
| Ursprung: | Deutschland |
| Entstehung: | 1917–1933 |
| Gründer: | Rudolf von Sebottendorf |
| Status: | erloschen |

## Geschichte

Der ONT (siehe S.53) war nicht die einzige Geheimgesellschaft der Ariosophen. Der 1912 entstandene, rechtsextreme Germanenorden vertrat ähnlich haarsträubende Thesen zum Ursprung und zur Wesensart der Arier und ihrer Feinde. 1917 gründete Rudolf von Sebottendorf die nach der mythischen Heimat der Arier benannte Thule-Gesellschaft als Münchner Loge des Germanenordens – auch wenn dies stets verschwiegen wurde. Die Gesellschaft galt als wissenschaftliche Arbeitsgruppe, doch inmitten der chaotischen Verhältnisse in Bayern nach dem Ersten Weltkrieg diente sie vor allem der Bildung einer antikommunistischen Miliz, dem Kampfbund Thule.

1919 gründeten einige Mitglieder der Thule-Gesellschaft eine politische Partei, und 1920 entstand hieraus unter dem Einfluss des Neumitglieds Adolf Hitler die Nationalsozialistische Deutsche Arbeiterpartei (NSDAP). Führende Köpfe der Thule-Gesellschaft finanzierten und förderten Hitler, während aus dem Kampfbund Thule der paramilitärische Arm der NSDAP hervorging: die Sturm-Abteilung (SA), auch bekannt als die „Braunhemden“. Als die Nazis an die Macht kamen, wurden alle Geheimgesellschaften verboten, auch die der Ariosophen. Allerdings wiesen Organisationen wie die SS zahlreiche Gemeinsamkeiten mit dem ONT und ähnlichen Geheimbünden auf und waren wohl auch direkt von ihnen inspiriert. Die SA wurde jedoch auf Betreiben von SS-Führer Himmler entmachtet.

## Verschwörungstheorien

Der historischen Weltsicht der Verschwörungstheoretiker zufolge war die Thule-Gesellschaft mehr als nur das politische und ideologische Fundament der Nazis. Als Vermittler magischen und okkulten Wissens führten die Mitglieder der Thule-Gesellschaft Hitler und die Nazis angeblich in ihre geheimen Rituale ein – und tatsächlich sollte magischer Einfluss später als Erklärung für Hitlers kometenhaften Aufstieg dienen.

Die angenommene Verbindung zwischen den Nazis und der Welt des Okkulten diente aber auch als Ausgangspunkt für jenen komplexen Mythos vom Okkultismus der Nazis selbst, der in den pseudo-wissenschaftlichen Fantastereien der Vril-Gesellschaft (siehe S. 62) seinen Höhepunkt erlebte. Vor allem die okkulten Bestrebungen der Thule-Gesellschaft und des ONT soll Himmler aufgegriffen haben. In seiner SS sah er einen an die Neutempler angelehnten Orden rassisch und psychisch überlegener Krieger-Magier. Himmler gründete mehrere SS-Einrichtungen, die sich mit dem Okkulten, mit Ariosophie und mit dem Heidentum befassen sollten. Eine dieser Einrichtungen war die berüchtigte Forschungsgemeinschaft Deutsches Ahnenerbe, die angeblich okkultes Wissen und magische Artefakte (wie etwa den Heiligen Gral und den Speer des Schicksals) auf Expeditionen nach Tibet, zu den Polen, ins Land der Katharer oder anderswohin erwarb. Manche Verschwörungsparanoiker glauben, dass die Thule-Gesellschaft noch existiert und an geheimen Plänen für die Übernahme der Weltherrschaft arbeitet.

## Kritischer Blick

Wahr ist, dass Hitler und die NSDAP der Thule-Gesellschaft viel verdankten, doch alle okkulten Aspekte der Ariosophie waren Einbildungen, die auf falschen Theorien zu Evolution und Anthropologie basierten. Kurz gesagt waren es historische Fantasien. Es gab keinen Ort namens Thule, und es gibt auch keine übersinnlichen Superkräfte, sagen die Skeptiker. Hitler hat sich möglicherweise von der Ariosophie inspirieren lassen, doch es gibt keine Beweise dafür, dass er sich für das Okkulte interessiert hätte. Himmler ist offenbar auf die Mär vom Geheimwissen der Ariosophen hereingefallen, doch das Einzige, was sein „Ahnenerbe" je hervorgebracht hat, ist eine Pseudowissenschaft, die in die Sackgasse führte.

## Weltweiter Einfluss: 40/100

Allein aus historischen Gründen erhält die Thule-Gesellschaft eine hohe Punktzahl, denn sie spielte eine aktive Rolle bei der Entstehung der NSDAP. Alle Vermutungen zu ihrem heutigen Bestehen sind reine Fantasien.

## Wie tritt man bei?

Finden Sie den Heiligen Gral oder den Speer des Schicksals. Wenig später werden die verbliebenen Mitglieder der Thule-Gesellschaft mit Ihnen Kontakt aufnehmen.

# Druiden

**Moderne Geheimgesellschaften berufen sich häufig auf die prähistorischen Traditionen der Druiden, der keltischen Priesterkaste.**

| | |
|---|---|
| Ursprung: | unbekannt |
| Entstehung: | ca. 50 v. Chr. |
| Gründer: | unbekannt |
| Status: | erloschen |

## Geschichte

Wenig ist bekannt über die ursprünglichen Druiden, die zur Zeit der römischen Eroberungen eine wichtige Rolle in Kultur und Gesellschaft der Völker in Großbritannien, Irland und Frankreich spielten. Antiken Quellen ist zu entnehmen, dass die Druiden eine eigene Kaste bildeten und sowohl priesterliche als auch erzieherische und juristische Funktionen erfüllten. Sie vollzogen heilige Rituale und mussten eine jahrzehntelange Ausbildung absolvieren. Ihre Kenntnisse und Überlieferungen wurden ausschließlich mündlich weitergegeben, was zu jener mystischen Aura beiträgt, die die Druiden umgibt.

Ein weiterer Hinweis auf eine Gruppe von Männern, die sich Druiden nannten, stammt aus dem frühen 18. Jahrhundert. Damals übernahm der radikale irische Philosoph und Freidenker John Toland die Bezeichnung für eine von ihm gegründete Gesellschaft, die seine pantheistische Weltanschauung bekannt machen sollte. Etwa zur selben Zeit begann der wegweisende Altertumsforscher William Stukeley damit, sich selbst als Druide zu bezeichnen, und rief einen Orden namens Mount Haemus Grove ins Leben. 1781 wurde in London der Ancient Order of the Druids (AOD) gegründet, und im Laufe der nächsten 100 Jahre entstanden etwa ein halbes Dutzend weiterer Organisationen, die sich auf die Druiden beriefen.

## Verschwörungstheorien

Einer verbreiteten Lesart zufolge handelt es sich beim Druidentum um einen gnostisch beeinflussten Glauben an die Natur und an die Muttergöttin, der in den Untergrund gezwungen wurde, um von dort aus einen zwei Jahrtausende währenden Kampf gegen die patriarchalische Macht der Kirche auszufechten. Moderne Druidengemeinschaften wie der AOD berufen sich auf eine Tradition, die über Stukeley und Toland bis zu den geheimen Druidenorden des Mittelalters und der letzten Heiden im Schottland des 9. Jahrhunderts zurückreicht. Angeblich stützen sie sich auf uralte Überlieferungen, die auf die Geheimnisse von Stonehenge und der jungsteinzeitlichen Megalithkultur zurückgehen.

Weniger wohlwollende Verschwörungstheoretiker sehen in den Druiden die Illuminaten der Antike, die nur deshalb in den Untergrund gingen, um in der Neuzeit wiederaufzutauchen und ihr antichristliches Teufelswerk unter dem Deckmantel einer erd- und naturverbundenen Gesinnung weiterzuführen.

## Kritischer Blick

Die tatsächlichen Druiden sind eine der am wenigsten bekannten und am falschesten dargestellten Gruppen der Weltgeschichte. Toland, Stukeley sowie die von und nach ihnen gegründeten Gruppen und Orden waren Teil einer im 18. und 19. Jahrhundert populären Bewegung, die als Druid Revival bekannt wurde, mit den echten Druiden aber nichts zu tun hatte. Etwaige Behauptungen, spätere neoheidnische Gruppen hätten wie auch immer geartete Verbindungen zu den Druiden der Antike gehabt, sind frei erfunden und wurden mehrfach als Lügen entlarvt.

## Weltweiter Einfluss: 19/100

Im vorrömischen Europa waren die Druiden wahrscheinlich sehr einflussreich und spielten eine wichtige Rolle beim Widerstand der Kelten gegen die Eroberungen. Spätere „Druiden"-Gruppen hatten weitaus weniger Einfluss, dienten jedoch als Inspirationsquelle für die Grünen-Bewegung und Teile der modernen Gegenkultur.

## Wie tritt man bei?

Den AOD finden Sie im Internet. Alternativ können Sie sich auch einen Bart wachsen lassen und mit einer 20 Jahre dauernden, rein mündlichen Ausbildung beginnen, während derer Sie Millionen Wörter auswendig lernen und zu einem Experten in Sachen Recht, Mythologie, Botanik, Medizin, Magie und Religion werden.

**Rechts:** Darstellung eines Druiden in Richterkleidung.

# Vril-Gesellschaft

**Furchterregende Nazi-Verschwörung mit dem Ziel der Unterwerfung der freien Welt mithilfe geheimer Energien und Fliegender Untertassen – oder einfach nur grandiose Science-Fiction?**

| | |
|---|---|
| Ursprung: | Deutschland |
| Entstehung: | ca. 1871 |
| Gründer: | unbekannt |
| Status: | erloschen |

## Geschichte

1871 erschien der Roman *Das kommende Geschlecht* von Edward Bulwer-Lytton. In dem Buch geht es um einen Ingenieur, der ins Innere der Erde reist und dort auf unterirdisch lebende Menschen stößt, die von den Bewohnern des untergegangenen Atlantis abstammen. Diese Menschen verfügen über extrem fortschrittliche technische Geräte, darunter auch Flugzeuge, die sie mit einer geheimen Energie namens Vril betreiben. Im Buch wird Vril als „eine elektrische Flüssigkeit" beschrieben, „die in der Lage ist, die größtmögliche Wirkung aller Arten von Materie zu produzieren." Einige Anhänger der Okkultistenbewegung nahmen dies ernst – war Vril wirklich eine so mächtige Energiequelle?

1930 veröffentlichte die Reichsarbeitsgemeinschaft „Das kommende Deutschland" ein Pamphlet mit dem Titel *Vril. Die kosmische Urkraft* sowie eine weitere Schrift, in der behauptet wird, dass aus dieser Urkraft eine unendliche Menge an Energie gewonnen werden könnte. Ein durchgeschnittener Apfel diente hierbei als Symbol für das Energiefeld der Erde. Und in einem 1947 erschienenen Artikel berichtet der Raketeningenieur Willy Leys von einer Gruppe, die er die „Wahrheitsgesellschaft" nennt. Ihre Mitglieder würden versuchen, das Geheimnis von Vril zu ergründen, indem sie über einen durchgeschnittenen Apfel nachdächten.

## Verschwörungstheorien

Auf der Grundlage dieser simplen Fakten entstand im Laufe der Zeit eine Verschwörungstheorie von gewaltigen Ausmaßen. Angeblich trug die oben genannte Reichsarbeitsgruppe in Wirklichkeit den Namen „Vril-Gesellschaft" und war aus der Thule-Gesellschaft und dem ONT hervorgegangen. Ihr Ziel sei es, Technologien zu entwickeln und zu beherrschen, die von den Technologien Außerirdischer und von denen des untergegangenen Atlantis inspiriert seien. Auf Expeditionen der SS wurden abgestürzte UFOs und andere technische Gerätschaften geborgen, die angeblich außerirdischen oder atlantischen Ursprungs waren. All diese Dinge wurden in Himmlers Hauptquartier auf der Wewelsburg gebracht – einem düsteren Schloss, in dem alle möglichen, oft grausamen, okkulten Experimente durchgeführt wurden.

Hier versuchte die Vril-Gesellschaft angeblich, mit den fremdartigen Technologien zu experimentieren, und sei kurz davor gewesen, eine Reihe von kriegsentscheidenden Wunderwaffen zu produzieren, wenn nicht die Alliierten gekommen wären und das Dritte Reich vernichtet hätten. Im Rahmen der „Operation Paperclip" hätten die Alliierten versucht, hinter das Geheimnis der Vril-Technologien zu kommen, doch die verantwortlichen SS-Angehörigen und Führungsfiguren der Vril-Gesellschaft hätten sich in geheime Stützpunkte der Nazis in der Antarktis geflüchtet. Dort hätten sie in riesigen unterirdischen Anlagen (ähnlich denen im Innern der Erde mit ihren Atlantis-Abkömmlingen) eine Flotte von Raumfahrzeugen konstruiert, die mit Vril betrieben würden und mit denen sie demnächst die Welt erobern würden.

## Kritischer Blick

Wenn sich das Obige wie das Drehbuch für einen Science-Fiction-Film oder ein Computerspiel liest, dann weil es genau das ist: Mehrere Filme und Spiele basieren auf dieser aberwitzigen Geschichte. Die von Leys beschriebene „Wahrheitsgesellschaft" – in Wirklichkeit die Reichsarbeitsgemeinschaft – war eine kleine Gruppe, die nur kurze Zeit bestand. Sie war nicht unter dem Namen „Vril-Gesellschaft" bekannt, und alles, was sie je hervorgebracht hat, sind die beiden genannten Veröffentlichungen. Es gibt keinen Hinweis darauf, dass diese Gruppe irgendetwas mit der Thule-Gesellschaft oder der SS zu tun hatte. Es gibt und gab kein Vril – außer in der Fantasie von Bulwer-Lytton. Zwar hat Himmler auf der Wewelsburg alle möglichen okkulten Spielchen betrieben, doch die hatten mehr mit seinen Wahnideen als mit der Realität zu tun. Und wüste Geschichten von Nazi-Überlebenden und unterirdischen Stützpunkten sind leider keine harmlosen Hirngespinste, da sie Neonazis in aller Welt bis heute inspirieren.

## Weltweiter Einfluss: 8/100

Aufgrund ihres noch immer bestehenden kulturellen Einflusses erhält die erfundene Vril-Gesellschaft mehr als null Punkte, doch sie hatte keinerlei reale Auswirkungen auf die Welt vor oder nach dem Krieg.

## Wie tritt man bei?

Finden Sie ein großes Loch in der antarktischen Eisdecke, steigen Sie hinab und versuchen Sie, an den genetisch optimierten Nazi-Cyborgs des Wachbataillons vorbeizukommen. Oder denken Sie einfach über einen zerteilten Apfel nach.

Teil 3:

# Religiöse Gesellschaften

# Mysterien von Eleusis

**Als größte Mysterienreligion der Antike scheinen die Mysterien von Eleusis viele Elemente moderner Geheimgesellschaften bereits in sich zu tragen. Gingen die Freimaurer und die Illuminaten womöglich direkt aus dieser Tradition hervor?**

| | |
|---|---|
| Ursprung: | antikes Griechenland |
| Entstehung: | 700 v. Chr. |
| Gründer: | unbekannt |
| Status: | erloschen |

## Geschichte

Die Mysterien von Eleusis waren religiöse Rituale, die mit dem Mythos von Demeter und Persephone zusammenhingen. Sie wurden jedes Jahr in Eleusis begangen, einem Heiligtum in der Nähe von Athen. Die Teilnehmer unterzogen sich einer rituellen Reinigung, schritten dann im Rahmen einer Prozession zum Tempelbezirk Eleusion und versammelten sich im Telesterion, der „Halle der Einweihung", damals das größte Bauwerk in Griechenland. Hier wurden ihnen die Mysterien offenbart, und aus den Teilnehmern wurden Eingeweihte.

Die Erzählung, die den Mysterien zugrunde liegt, ist die von Demeter, der Göttin der Ernte und der Landwirtschaft, und ihrer Tochter Persephone, die von Hades in die Unterwelt entführt wird, am Ende aber zu ihrer Mutter zurückkehrt. Von daher stehen bei den Mysterien die Themen Tod und Auferstehung im Mittelpunkt und werden durch Rituale versinnbildlicht.

Die Teilnehmer führten symbolische Requisiten mit sich, wie etwa Zeremonienstäbe aus heiligen Pflanzen, und sie kosteten von einem speziellen vergorenen Trank. Wenn sie am Telesterion ankamen, erwartete sie der Hierophant (Hohepriester) an der Schwelle des Anaktorons, des innersten Heiligtums. Auf dem Höhepunkt der Zeremonie wurde etwas enthüllt – angeblich handelte es sich hierbei um heilige Gegenstände aus einer Truhe. Die Eingeweihten erlebten daraufhin eine Offenbarung, die ihnen jede Todesangst nahm. Die genauen Details sind unbekannt, denn die Eingeweihten durften nicht darüber reden.

Die Mysterien reichen bis mindestens 700 v. Chr., wahrscheinlich aber weitaus länger zurück und wurden über 1000 Jahre lang zelebriert. Zunächst durften nur die Bürger Athens daran teilnehmen, später alle, die der griechischen Sprache mächtig waren.

**Oben:** Triptolemus mit Demeter auf einem geflügelten Karren, Szene aus den Mysterien von Eleusis auf einer griechischen Vase, 460 v. Chr.

Zu den berühmtesten Eingeweihten zählen der Philosoph Platon und der römische Kaiser Augustus. Im Jahr 393 n. Chr. wurde der Kult zusammen mit allen anderen heidnischen Religionen durch Kaiser Theodosius verboten.

## Verschwörungstheorien

Folgt man der Theorie von der Historischen Weltverschwörung, handelte es sich bei der Enthüllung, die im Zentrum der Mysterien stand, um eine teuflisch-okkulte Zeremonie, womöglich sogar um eine Art Gehirnwäsche im Sinne der antiken Vorläufer der Illuminaten. Einer der zentralen Grundsätze dieser Theorie lautet, dass es eine direkte Verbindung zwischen den Mysterien und etlichen Geheimbünden von heute gibt. Viele Anhänger und Kritiker geheimer Organisationen glauben, dass okkultes Wissen von den Mysterienkulten über die Gnostiker, die Templer und die Katharer bis zu den Rosenkreuzern und den Freimaurern gelangt sei. In Dan Browns Roman *Sakrileg (The Da Vinci Code)* bezieht sich dieses geheime Wissen auf die Verehrung einer uralten Muttergöttin, wodurch die esoterische Tradition einen Gegensatz zu den patriarchalen Kräften der Unterdrückung bildet. Die Mysterien sind dieser Version zufolge nicht ohne Grund im 4. Jahrhundert verboten worden, als die Kirche die Kontrolle über das Römische Reich erlangte.

## Kritischer Blick

Es gibt entgegen den Behauptungen etlicher Verschwörungstheoretiker keinerlei Beweise für eine direkte Verbindung zwischen den Mysterien und späteren Geheimbünden. Über die tatsächliche Bedeutung der Mysterien ist bis heute wenig bekannt, da die Teilnehmer zu absoluter Geheimhaltung verpflichtet wurden und diese Anordnung auch konsequent befolgt wurde. Das Offenbarungserlebnis, das den Höhepunkt der Zeremonie bildete, hatte wahrscheinlich mehr mit Bühnenkunst und psychotropen Substanzen zu tun als mit Magie oder übersinnlichen Kräften – es ist zum Beispiel sehr gut möglich, dass der vergorene Trank, der den Eingeweihten gereicht wurde, euphorisierendes Mutterkorn enthielt.

## Weltweiter Einfluss: 20/100

Auch wenn sich ein direkter Einfluss nicht nachweisen lässt, dienten die Mysterien doch in vielerlei Hinsicht als Vorbild für die Rituale moderner Geheimbünde. Auch finden sich einige ihrer Bestandteile im Christentum wieder (siehe S. 70).

## Wie tritt man bei?

Wenn Sie Griechisch sprechen und niemanden umgebracht haben, baden Sie im Februar im Fluss Ilisos bei Athen und opfern Sie ein Schwein.

# Mithraskult

**Dieser Kult, bei dem in Felsenkapellen insgeheim ein Sonnengott verehrt wurde, konkurrierte mit dem Christentum und war möglicherweise eine Inspirationsquelle für die Freimaurer.**

| | |
|---|---|
| Ursprung: | antikes Rom |
| Entstehung: | ca. 1. Jahrhundert n. Chr. |
| Gründer: | Mithras |
| Status: | erloschen |

## Geschichte

Im Zoroastrismus, der Religion des alten Persiens, befand sich Ahura Mazda, der Gott des Lichtes, im ständigen Kampf gegen die Mächte der Finsternis. An seiner Seite kämpfte sein Sohn Mithra, der später im Achämenidenreich – also im 5. Jahrhundert v. Chr. – als wichtigster Sonnengott verehrt wurde. Wie die meisten Götter aus dem Osten war Mithra bei den Römern sehr beliebt, vor allem bei den Soldaten: Unter dem Namen Mithras stieg er zur zentralen Gestalt des gleichnamigen Kultes auf. Mithras war ein starker Krieger und ein idealer Kamerad – beides Tugenden, die im Militär gut ankamen. Etwa im 2. Jahrhundert n. Chr. breitete sich der Kult aus: Sowohl in Rom als auch an den Grenzen des Reiches (wo die meisten Legionen stationiert waren) wurden sogenannte *mithraea,* d. h. Mithraskapellen, gefunden.

Der Legende nach entsprang Mithras als fertige Gestalt einem Felsen und besiegte gleich danach einen kosmischen Stier. Das Fleisch und Blut des Stieres machten die Erde fruchtbar, und auf der Symbolik dieser Stiertötung beruht im Grunde der gesamte Mithraskult. Bildliche Darstellungen hierzu finden sich in den *mithraea,* die meist in einen Felsen gehauen wurden, um an die Herkunft des Gottes zu erinnern. Auch war ein Stieropfer das zentrale Ritual des Kultes. Nur Männer durften den Kult praktizieren und die sieben Grade der Einweihung erwerben: Rabe, Greif, Krieger, Löwe, Perser, Heliodromus (Sonnenbote) und Vater.

Mithraskult und Christentum wiesen viele Gemeinsamkeiten auf. So wurde etwa auch Mithras am 25. Dezember als Sohn Gottes geboren und wurde ein Sterblicher, um das Leiden der Menschheit zu teilen. Seine Anhänger trafen sich in Kapellen, um eine Kommunion zu empfangen, während der Brot und Wein sich in Fleisch und Blut verwandelten. Auch Mithras war ein Gott der Auferstehung, und das Praktizieren seines Kultes versprach Unsterblichkeit.

Der Mithraskult wurde von den christlichen Kaisern verboten und verschwand um das 5. Jahrhundert n. Chr.

## Verschwörungstheorien

Glaubt man den Verschwörungstheoretikern, so war der Mithraskult ebenso wie der Mysterienkult von Eleusis (siehe S. 66) ein Hort geheimen Wissens. Das Christentum habe seine wichtigsten Elemente übernommen und den Kult dann verfolgt und unterdrückt. Angeblich hassten die Christen den Mithraskult, weil er die okkulten Ursprünge ihrer eigenen Religion sichtbar machte, und so versuchten sie, ihn zu zerstören, um dieses blasphemische Geheimnis zu verschleiern. Doch sie scheiterten: Die Parallelen zwischen dem Mithraskult und späteren Geheimbünden wie den Freimaurern (siehe S. 10) oder Skull and Bones (siehe S. 18) sind laut den Verschwörungstheoretikern alles andere als ein Zufall. Im Gegenteil – die Freimaurer seien direkte Nachfolger der Mithrasjünger. Sie träfen sich – analog zu den antiken *mithraea* – in Logen, seien zur Geheimhaltung verpflichtet, durchliefen eine Hierarchie verschiedener Ränge, vollzögen symbolische Rituale und verehrten heilige Bilder.

## Kritischer Blick

Es gibt keinerlei Hinweise darauf, dass einzelne Elemente des Mithraskults auf direktem Wege zu neuzeitlichen Geheimbünden wie den Freimaurern gelangt sind. Einzig im Christentum finden sich ironischerweise Parallelen zum Mithraskult, und manche Forscher sind der Meinung, dass das Christentum dem untergegangenen Kult eine Menge zu verdanken hat oder zumindest einen ähnlichen Ursprung hat.

## Weltweiter Einfluss: 20/100

Als ernsthafter Konkurrent des Christentums im Römischen Reich hat der Mithraskult die Weltgeschichte nachhaltig beeinflusst.

## Wie tritt man bei?

Finden Sie ein *mithraeum* oder schlagen Sie selbst eines in den Felsen. Schmücken Sie die Mauer hinter dem Altar mit Wandmalereien von Mithras und dem Stier aus. Da das Opfern von Tieren etwas aus der Mode gekommen ist, verwenden Sie für die Kommunion besser etwas anderes – wie wäre es mit einem Schluck Rinderbrühe?

# Tempelritter

**Legendärer mittelalterlicher Orden von Kriegermönchen, der mit dem Heiligen Gral, der Gründung der Freimaurer und der Entdeckung Amerikas in Verbindung gebracht wurde. Doch verfügte er wirklich über geheimes Wissen?**

| | |
|---|---|
| Ursprung: | Jerusalem |
| Entstehung: | 1119 |
| Gründer: | neun christliche Ritter |
| Status: | erloschen |

## Geschichte

Der Orden wurde 1119 in Jerusalem von neun Rittern gegründet, die schworen, alle Pilger zu schützen, die durch das Heilige Land reisten. Sie schlugen ihr Quartier in der Nähe der Stelle auf, an der sich der Tempel Salomos befunden hatte und nannten sich Arme Ritter Christi und des Salomonischen Tempels. Sie waren jedoch auch einfach als die Tempelritter bekannt. Dank einflussreicher Unterstützer in Europa hatte der Orden bald zahlreiche Mitglieder, besaß Geld und Ländereien, erlangte Reichtum, Ansehen und Macht.

Doch der Verlust der Kreuzfahrerkönigreiche im 13. Jahrhundert raubte den Templern Grundlage und Daseinszweck, sodass sie schon bald den Plänen des französischen Königs Philipps IV. zum Opfer fielen. Nachdem dieser den Papst dazu gebracht hatte, ihm in dieser Sache volle Handlungsfreiheit zu gewähren, ließ Philipp die Templer ab 1307 in Frankreich gezielt verfolgen. Rund 60 Ritter wurden in den nächsten Jahren gefoltert und hingerichtet. 1312 wurde der Templerorden schließlich aufgelöst. Jacques de Molay, der letzte Großmeister, endete 1314 auf dem Scheiterhaufen.

## Verschwörungstheorien

Es gibt Behauptungen, es habe zu Anfang zu wenige Ritter gegeben, um die Aufgabe des Ordens zu erfüllen – also müsse der Orden zu einem anderen Zweck gegründet worden sein. Eine andere, sehr beliebte Annahme lautet, die Ritter seien bewusst auf dem Tempelberg angesiedelt worden, damit sie alte Tunnel ausgraben und sensationelle Entdeckungen machen konnten, die ihnen quasi über Nacht Ansehen und Reichtum einbrachten – die Theorien reichen hier vom Heiligen Gral über die Bundeslade bis zu verlorenen Evangelien.

Außerdem wurden den Templern häretische Tendenzen unterstellt, die auf angeblichen Kontakten zu den Assassinen basierten (siehe S. 86), einer islamischen Geheimsekte mystischer Krieger. Glaubt man diesem Märchen, waren die Assassinen im Besitz von hermetisch-gnostischem Wissen und ließen die Templer daran teilhaben. Tatsächlich wurden die Templer im Mittelalter beschuldigt, sich mit den Moslems verbündet zu haben und das Christentum stürzen zu wollen – einige Anhänger abwegiger Theorien glauben dies noch heute.

In der alternativen Geschichtsschreibung gelten die Templer als die Hüter des Gnostizismus und als das Geheimnis im Herzen der Christenheit – kurz: als die wahren Erben Christi (siehe auch Prieuré de Sion, S. 74). Glaubt man jedoch ihren Kritikern im Mittelalter und heute, gehörte zu den okkulten Praktiken, die die Templer aus dem Orient mitbrachten, auch die Verehrung eines Dämons namens Baphomet.

Etliche Verschwörungstheoretiker glauben, dass es die Templer trotz offizieller Auflösung des Ordens noch immer gibt und dass sie sich mitsamt ihren Reichtümern nach Schottland abgesetzt haben. Unter der Ägide der Familie Sinclair hätten die Templer lange vor Kolumbus Amerika entdeckt, außerdem hätten sie zur Weitergabe ihrer geheimen Kenntnisse und okkulten Überlieferungen den Orden der Freimaurer gegründet.

## Kritischer Blick

Die meisten Theorien zu den Templern sind reine Spekulation und Fantasie. Die Inquisitoren des Mittelalters legten Ketzern standardmäßig Verbrechen wie Sodomie, Hexerei und Teufelsanbetung zur Last, und im Fall der Templer hätten sie noch Kollaboration mit dem „Feind" hinzufügen können. Unter der Folter mögen einige Templer Verbrechen dieser Art gestanden haben, aber das macht sie nicht wahrscheinlicher. Die Anschuldigungen bezüglich Baphomet beruhten höchstwahrscheinlich auf einem Missverständnis, da die Templer einen ähnlich klingenden mittelalterlichen Ausdruck für den Namen Mohammed verwendeten. Erst der österreichische Autor Joseph von Hammer-Purgstall bauschte diesen Irrtum in seinem 1818 erschienenen Essay *Mysterium Baphometis Revelatum* zu einer skurrilen Horrorgeschichte auf. Die Behauptung, die wahre Mission der ersten Templer sei es gewesen, den Tempelberg auszugraben, ist falsch und stammt aus dem Sonnentemplerorden (siehe S. 77). In der Praxis hätten neun Ritter plus Gefolge diese Aufgabe wohl kaum bewältigen können. Der explosionsartige Anstieg der Mitgliederzahl bei den Templern bedarf keiner weiteren Erklärung. Er entspricht den religiösen, gesellschaftlichen und politischen Verhältnissen jener Zeit. Es gibt keinerlei Beweise dafür, dass die Templer dem Gnostizismus anhingen oder in irgendeiner Weise mit den Assassinen in Verbindung standen.

Auch die Behauptung, die Templer hätten in Schottland unter den Sinclairs eine neue Blütezeit erlebt, ist Unsinn – die Sinclairs haben weder den Freimaurerorden gegründet, noch gibt es Hinweise auf eine Verbindung zwischen den Freimaurern und den Templern. Solche und ähnliche Behauptungen wurden im 18. Jahrhundert in die Welt gesetzt, um Anhänger für die im Exil lebenden Mitglieder des Hauses Stuart zu gewinnen. Und die Legende von den Templern in Amerika beruht auf einer Fälschung aus dem Mittelalter. Insgesamt lässt sich sagen, dass der Templerorden alles andere als eine Geheimgesellschaft war.

## Weltweiter Einfluss: 15/100

Die Templer waren im Mittelalter von großer Bedeutung, spielen heute aber außer in der Trivialliteratur keine Rolle mehr.

## Wie tritt man bei?

Nur Adlige können Tempelritter werden und müssen hierfür ihren sämtlichen Besitz dem Orden überschreiben. Wollen Sie immer noch beitreten? Dann machen Sie sich auf die Suche nach einer Niederlassung und bringen Sie die Ritter dazu, Sie in ihren Kreis aufzunehmen.

**Oben:** Frühe Darstellung der Tempelritter, die den Kreuzfahrern im Heiligen Land als wichtige Stütze dienten.

# Prieuré de Sion

**Angeblich war die Prieuré de Sion der Geheimbund hinter allen Geheimbünden. In Wirklichkeit war sie nichts als ein riesiger Schwindel.**

| | |
|---|---|
| Ursprung: | Frankreich |
| Entstehung: | 1956 |
| Gründer: | Pierre Plantard |
| Status: | erfunden |

## Geschichte

Nach dem Zusammenbruch des Römischen Reiches gelangte das heutige Frankreich unter die Herrschaft der Merowinger, die von 481 bis 751 als fränkische Könige regierten und danach von den Karolingern abgelöst wurden. Die Abtei Zion in der Nähe von Jerusalem war zur Zeit der Kreuzzüge die Heimstatt eines religiösen Ordens, wurde jedoch 1291 zerstört. Ab 1896 gab Bérenger Saunière, der Pfarrer des Dorfes Rennes-le-Château im südfranzösischen Languedoc, zur Verwunderung seiner Schäfchen großzügig Geld aus. Und 1956 wurde in Annemasse bei Genf eine Bruderschaft mit dem Namen Prieuré de Sion gegründet. 1967 tauchte diese dann in dem französischen Bestseller *L'Or de Rennes (Das Gold von Rennes)* auf und spielte 1982 in dem Buch *Der Heilige Gral und seine Erben,* einem Klassiker der alternativen Geschichtsschreibung, eine wichtige Rolle. Einige Themen aus diesem Buch tauchten 2003 in Dan Browns Weltbestseller *Sakrileg (The Da Vinci Code)* erneut auf.

## Verschwörungstheorien

Der Mann, der 1956 die Prieuré de Sion gründete und der auch einer der Autoren von *L'Or de Rennes* war, hieß Pierre Plantard. Er behauptete, die Prieuré sei eine streng geheime Bruderschaft, die seit dem frühen Mittelalter existiert habe. Angeblich sei sie gegründet worden, um die Blutlinie der Merowinger zu schützen und ihre Wiedereinsetzung als wahre Herrscher Frankreichs voranzutreiben. Die Templer, die Rosenkreuzer und die Freimaurer seien allesamt Ableger der Prieuré und bewahrten deren Geheimnisse, darunter auch das von der Existenz eines Merowingergrabs in der Nähe von Rennes. Saunière habe verschlüsselte Texte auf mittelalterlichem Pergament entdeckt, die ihn zu dem Grab geführt hätten, und er habe diese Information genutzt, um die Bourbonen zu erpressen und auf diese Weise reich zu werden.

Plantards Behauptungen wurden offensichtlich durch die tatsächliche Existenz der Pergamente von Rennes bestätigt. Auch fand sich in der Bibliothèque Nationale in Paris offenbar ein Dossier mit einer Liste mit den Namen der Nautonniers, d. h. der „Navigatoren“ oder Großmeister der Bruderschaft von Zion. Zu ihnen gehörten angeblich Robert Fludd (siehe S. 39), Johann Valentin Andreae (siehe S. 40), Leonardo da Vinci, Isaac Newton, Victor Hugo, Jean Cocteau und schließlich als letzter Erbe der Merowinger Plantard selbst.

In dem Buch *Der Heilige Gral und seine Erben* behaupten die Autoren, noch mehr entdeckt zu haben: Das von der Bruderschaft von Zion gehütete Geheimnis sei der Heilige Gral, auf Altfranzösisch „San Graal“ oder richtiger „Sang Réal“ („Königliches Blut“). Damit sei nichts anderes als die Blutlinie Christi gemeint. Die Dynastie der Merowinger sei von den Nachkommen Christi gegründet worden. Der Erlöser habe seine Kreuzigung überlebt, sei mit seiner Frau Maria Magdalena nach Frankreich gezogen und habe mehrere Kinder mit ihr gehabt. Um die Wahrheit über Christus zu unterdrücken und ihre eigene Autorität zu schützen, habe die Kirche gemeinsam mit den Karolingern beschlossen, die Merowinger abzusetzen und so die wahren Erben Christi zu entmachten. Doch die Bruderschaft habe einen langen Kampf ausgefochten, um das Geheimnis zu bewahren. Sie habe die Templer, die Rosenkreuzer und die Freimaurer ins Leben gerufen, um gemeinsam mit ihnen im Rahmen einer theokratischen Revolution Pierre Plantard als merowingisch-nazarenischen Gottkönig eines vereinten Europas zu inthronisieren. In seinem Buch *Sakrileg* geht Dan Brown noch weiter: Er behauptet, die Aufgabe der Bruderschaft bestehe darin, die frühchristliche Verehrung der Muttergottheit gegen Angriffe der Kirche und vor allem gegen Opus Dei zu verteidigen.

## Kritischer Blick

Diese wohldurchdachte Erzählung basiert auf nichts als Erfindungen und Lügen. Plantard war ein Kollaborateur des Vichy-Regimes und ein Faschist mit royalistischen Fantasien (obwohl seine Eltern beide Dienstboten waren). Er gehörte zur französischen Neotemplerszene, in der sich angeblich von den Freimaurern inspirierte mittelalterliche Ritterideale mit Antisemitismus, reaktionären Ansichten und dem Wunsch nach Wiedereinsetzung der Monarchie vermischten. Nach dem Krieg landete Plantard eine Weile im Gefängnis und gründete dann – um in der Lokalpolitik mitzumischen und seine Fantasien von einer königlichen Abstammung auszuleben – die Prieuré de Sion, deren Name sich übrigens von einem nahen Hügel herleitete und nichts mit der mittelalterlichen Abtei zu tun hatte. Nach einem weiteren Gefängnisaufenthalt wegen Missbrauchs an Minderjährigen gründete er die Bruderschaft erneut, fälschte einige Dokumente und schmuggelte sie in die Bibliothèque Nationale, um seine Behauptungen zu untermauern.

Aus demselben Grund beteiligte er sich auch an dem Buch *L'Or de Rennes*. Das Rätsel von Rennes selbst war eine Erfindung von Noël Corbu, dem Saunières alte Villa gehörte und der die Geschichte in die Welt setzte, um sein Restaurant bekannt zu machen. Plantard hatte Corbu getroffen und die Story aufgegriffen, um seinen eigenen Schwindel – die gefälschten „mittelalterlichen" Pergamente – zu decken. Der enorme Erfolg des Buchs *Der Heilige Gral und seine Erben* führte dazu, dass Plantard 1989 einen letzten Versuch unternahm, die Bruderschaft wiederaufleben zu lassen, doch dummerweise wurde er in einen Justizfall verwickelt und musste vor Gericht zugeben, dass die ganze Geschichte ein riesiger Schwindel war. Plantard starb im Jahr 2000, und obwohl bekannt war, dass er sich das Ganze nur ausgedacht hatte, nahm Dan Brown die Erzählung erneut auf. In einem Vorwort zum Bestseller *Sakrileg* behauptete er, alles in seinem Buch entspreche der Wahrheit.

## Weltweiter Einfluss: 16/100

Obwohl es sich hier um einen gigantischen Betrug handelte, hatte die Prieuré de Sion eine große kulturelle Wirkung. Die von ihr inspirierten fiktionalen Werke waren hilfreich bei der Verbreitung von Alternativversionen zur Geschichte der Christenheit und machten Orte wie Rennes zu Touristenzielen ersten Ranges.

## Wie tritt man bei?

Erforschen Sie Ihre Herkunft und beweisen Sie, dass Sie von den Merowingern abstammen – oder fälschen Sie einfach einen Stammbaum und schmuggeln Sie ihn in die Nationalbibliothek ein. Alternativ können Sie auch auf dem Land in der Nähe von Rennes vergrabene Schätze entdecken.

**Rechts:** Fassade der Kirche Sainte Marie-Madeleine in Rennes-le-Château.

# Sonnentempler

**Für den Massenselbstmord und die Ermordung seiner Mitglieder bekannter Neotemplerorden, der auch beim Tod von Fürstin Gracia Patricia von Monaco eine Rolle gespielt haben soll.**

| | |
|---|---|
| Ursprung: | Frankreich |
| Entstehung: | 1984 |
| Gründer: | Luc Jouret, Joseph di Mambro |
| Status: | erloschen |

## Geschichte

Der Ordre du Temple Solaire (OTS) wurde 1984 von Luc Jouret und Joseph di Mambro gegründet, zwei Männern, die zu dem Zeitpunkt schon lange in der New-Age-Bewegung und in der Neotemplerszene aktiv waren. Jouret, ein belgischer Arzt, Homöopath und erfolgreicher Vortragsredner zum Thema New-Age-Healing, war für kurze Zeit Mitglied der von einem französischen Faschisten gegründeten Neotemplerorganisation Renewed Order of the Temple (ROT) gewesen. Wie viele andere französische Neotemplergruppen zeichnete sich auch der ROT durch seinen Mix aus alternativer Geschichte, mittelalterlichen Ritterfantasien und reaktionärer Politik aus und ähnelte somit den ariosophischen Gesellschaften im Deutschland vor 1933 (siehe S. 53).

1984 wurde Jouret nach einem Versuch, die Macht im Orden an sich zu reißen, aus dem ROT ausgeschlossen und gründete daraufhin seinen eigenen New-Age-Geheimbund, den Club Archédia. Im selben Jahr tat sich Jouret mit di Mambro zusammen, einem französischem Uhrmacher, der ehemals Mitglied des AMORC (siehe S. 51) gewesen war und zwischenzeitlich die Golden Way Foundation gegründet hatte, eine New-Age-Vereinigung, bei der Jouret einen Vortrag gehalten hatte. Gemeinsam riefen die beiden den OTS ins Leben, um in ihm New-Age-Praktiken und Neotemplertraditionen miteinander zu verbinden.

Der OTS führte religiöse und okkulte Rituale durch, die den Beginn des Neuen Zeitalters beschleunigen sollten. Vom Stil und von den Requisiten her (darunter Schwerter, Roben und Theateraltäre) ähnelten diese Zeremonien denen im Orden der Goldenen Morgenröte. Von den Mitgliedern des OTS wurde außerdem erwartet, dass sie große Geldsummen spendeten. Bis 1989 stieg die Zahl der Ordensjünger auf über 400, doch als es weniger wurden und die verbliebenen Anhänger ihr Geld zurückverlangten, begann sich das Blatt zu wenden. Jouret begann nun zu predigen, dass die Verschmutzung der Umwelt zu einem ökologischen Armageddon führen würde, dass jedoch die Eingeweihten auf eine höhere Seinsebene entfliehen könnten.

Im Oktober 1994 kamen in Kanada und der Schweiz 52 aktive bzw. ehemalige Mitglieder des OTS durch Mord oder Selbstmord ums Leben. 1995 und 1997 gab es in Kanada 21 weitere Tote.

## Verschwörungstheorien

Glaubt man einigen Verschwörungstheoretikern, bestanden im Europa der Nachkriegszeit undurchsichtige Beziehungen zwischen den Geheimbünden der Neotempler und diversen Geheimdiensten. Der virulente Antikommunismus der Neotempler sei von den Westmächten inoffiziell unterstützt worden, und sie hätten im Rahmen der Stay-Behind-Operation (siehe S. 111) geheime Zahlungen und juristischen Schutz erhalten. Vielleicht ist auch der OTS auf diese Weise unterstützt worden, denn schon früh wurden Fragen zu seiner Finanzierung, zu seinen Mitgliedern und zu seinen Beziehungen zu den Behörden laut.

Spannender ist jedoch die Frage, inwieweit eine Verbindung zwischen dem OTS und Fürstin Gracia Patricia von Monaco, der früheren Grace Kelly, bestand. Glaubt man den Autoren eines Dokumentarfilms über den OTS, hätten sowohl dessen ehemaliger Sicherheitschef als auch ein für den Orden tätiger Akupunkteur behauptet, die Fürstin habe di Mambro im Sommer 1982 in einem Tempel des OTS besucht. Angeblich ließ sie sich in einem geheimen Ritual zur Priesterin des Ordens weihen und zahlte daraufhin zwölf Millionen Schweizer Franken auf ein Konto in Zürich ein. Später habe sie sich mit di Mambro überworfen und gedroht, ihn auffliegen zu lassen. Doch im September 1982 kam sie durch einen Unfall ums Leben, bei dem ihr Auto von einem Berghang stürzte und angeblich im Garten eines anderen OTS-Mitglieds landete.

## Kritischer Blick

Der Tod von Fürstin Gracia Patricia war nichts anderes als ein tragischer Unfall, und es gibt keinerlei Hinweise darauf, dass sie in irgendeiner Weise etwas mit dem OTS zu tun hatte.

## Weltweiter Einfluss: 5/100

Der OTS ist ein gutes Beispiel dafür, was in einem Geheimbund so alles schieflaufen kann.

## Wie tritt man bei?

Von einer Mitgliedschaft wird abgeraten, denn sie könnte sich negativ auf Ihre Lebenserwartung auswirken.

# Opus Dei

**Diesem katholischen Laienorden wurde vorgeworfen, wie ein Geheimbund zu agieren und faschistische Diktaturen zu unterstützen.**

| | |
|---|---|
| Ursprung: | Spanien |
| Entstehung: | 1928 |
| Gründer: | Josemaría Escrivá de Balaguer |
| Status: | aktiv, weltweit |

## Geschichte

1928 hatte der spanische Priester Josemaría Escrivá de Balaguer eine Offenbarung zur Rolle der Arbeit als Weg zur „Heiligkeit“ und gründete Opus Dei („Werk Gottes“). Der Laienorden wurde später zur päpstlichen Personalprälatur ernannt, d. h. er ist direkt dem Papst unterstellt und von jeglicher lokalen oder nationalen Kontrolle ausgenommen. Von Spanien aus verbreitete sich Opus Dei in Südamerika und auf der ganzen Welt. Heute hat die Prälatur über 90 000 Mitglieder, die überwiegende Mehrheit von ihnen sind Laien. Escrivá starb 1975 und wurde 2002 heiliggesprochen.

Bei Opus Dei gibt es vier Arten der Zugehörigkeit. Mitarbeiter sind keine Vollmitglieder, doch sie unterstützen die Aufgaben und Ziele des Ordens. Supernumerarier sind Laien, die ein Gelübde ablegen und sich in ihrem Leben und in ihrer Arbeit an den Richtlinien von Opus Dei orientieren. Die Numerarier leben in Opus-Dei-Häusern und leiten den Orden. Sie können Priester oder Laien sein, haben einen Studienabschluss und geloben Keuschheit, Armut und Gehorsam. Die Assoziierten schließlich sind weniger gut ausgebildet, die in den Opus-Dei-Häusern den Haushalt führen, aber auch klerikale Aufgaben übernehmen. Meist handelt es sich bei ihnen um Frauen. Assoziierte legen dieselben Gelübde ab wie Numerarier.

## Verschwörungstheorien

Etliche Verschwörungstheoretiker behaupten, Opus Dei würde wie ein Geheimbund agieren, seine Ziele verbergen und sein wahres Gesicht vor der Welt verstecken. Sie werfen dem Orden vor, er versuche, Regierung, Justiz und Geschäftswelt zu unterwandern, indem er bewusst hochrangige Personen anwerbe und auf diese Weise die Macht des Ordens vergrößere.

Ihnen zufolge ist Opus Dei eine christlich-fundamentalistische, extrem konservative, stramm antikommunistische und beinahe schon faschistische Organisation. Zahlreiche Richter, Politiker, Medienmogule und Konzernchefs sind oder waren

Mitglieder bei Opus Dei, darunter britische und spanische Kabinettsmitglieder, mehrere Richter am Oberste Gerichtshof der Vereinigten Staaten und ein ehemaliger Direktor des FBI.

Im faschistischen Spanien unter Diktator Franco stand Opus Dei der Regierung sehr nah und war als Francos „Heilige Mafia" bekannt. Der Orden stellte mehrere Minister, die bis in die 1970er-Jahre für die spanische Wirtschaft verantwortlich waren. In Südamerika bestanden enge Verbindungen zwischen Opus Dei und verschiedenen rechtsgerichteten Diktaturen und Militärjuntas. Und solche Verbindungen gibt es angeblich noch heute – Opus Dei soll am Militärputsch in Ecuador im Jahr 2000 beteiligt gewesen sein sowie am Putschversuch gegen Venezuelas Staatspräsident Hugo Chavez im Jahr 2003.

Die Ziele von Opus Dei gehen auf den umstrittenen Ordensgründer Josemaría Escrivá zurück. Dieser sei, so behaupten die Verschwörungstheoretiker, durch seine Erfahrungen im Spanischen Bürgerkrieg zum fanatischen Antikommunisten geworden. Er habe Opus Dei gegründet, um seine reaktionären Ideen zu verbreiten – Ideen wie die, dass die Menschen wieder in einer feudalen Standesgesellschaft leben sollten, in der jeder seinen Platz kenne und die Kirche die Richtung vorgebe. Auch sei er ein pathologischer Frauenhasser und Antisemit gewesen. Opus Dei spiegle diese Einstellungen wider, sagen die Gegner des Ordens.

So würden etwa die Assoziierten im Orden praktisch ein Leben als Sklaven führen und regelmäßig missbraucht. Darüber hinaus würde der Orden Gehirnwäsche betreiben, und sowohl Kasteiung

**Links:** Statue von Opus-Dei-Gründer Josemaría Escrivá im Petersdom in Rom.

als auch Selbstgeißelung und das Tragen eines Bußgürtels (also eines Gürtels aus Stacheldraht) seien nicht unüblich.

Auch zur Beziehung zwischen Opus Dei und dem Papsttum kursieren diverse Gerüchte. So soll Papst Johannes Paul II. während seiner Zeit als Erzbischof Mitglied des Ordens gewesen sein und sich durch die Gewährung eines Darlehens für die antikommunistische polnische Gewerkschaft Solidarität besondere Anerkennung erworben haben. Doch Opus Dei soll auch in den Finanzskandal der Vatikanbank verwickelt gewesen sein, bei dem es um Unterschlagungen und um Geldwäsche für die Mafia ging. Und schließlich soll der Orden 1982 im Rahmen eines Machtkampfs mit der Freimaurerloge P2 auch den Mord an Roberto Calvi in London (siehe S. 11) geplant und ausgeführt haben.

## Kritischer Blick

Die meisten Anschuldigungen seien ungerecht und unwahr, behaupten die Verteidiger von Opus Dei. Escrivá war ein geachteter und sehr gläubiger Mann – und offenbar fromm genug, um in Rekordzeit heiliggesprochen zu werden. Opus Dei ist keine Geheimgesellschaft. Der Orden bekennt sich offen zu seinem Hauptziel, nämlich Menschen zu ermutigen, ein Leben nach traditionellen Werten zu führen und ihr Seelenheil dadurch zu erlangen, dass sie besonders gut in ihrem Beruf sind. Und auch wenn einige wenige Ordensmitglieder sich selbst geißeln mögen, um dadurch ihre Frömmigkeit zu untermauern, habe Opus Dei – so sagen zumindest Anhänger und Unterstützer – sein insgesamt schlechtes Image der verzerrten Darstellung des Ordens in Dan Browns Roman *Sakrileg* zu verdanken. Darin ist nämlich ein mordlüsterner Opus-Dei-Mönch der Hauptbösewicht. Doch Opus Dei ist ein Laienorden, in dem es keine Mönche gibt. Auch existieren keine Beweise, dass Opus Dei als Organisation in den Finanzskandal der Vatikanbank oder in irgendwelche rechtsgerichteten Verschwörungen verwickelt war.

## Weltweiter Einfluss: 25/100

Opus Dei übt bis heute einen bedeutenden Einfluss auf die weltweite Politik und Geschäftswelt aus, jedoch nicht notwendigerweise durch Verschwörungen.

## Wie tritt man bei?

Sie sind katholisch, vermögend und beruflich erfolgreich? Sie sind bereit, nach strengen Regeln zu leben und jede Menge Geld zu spenden? Dann unterschreiben Sie einen Vertrag und werden Sie Supernumerarier! Mehr dazu auf der Webseite von Opus Dei.

# Leopard Society

**Gefürchteter westafrikanischer Geheimbund aus vorkolonialer Zeit, deren Mitglieder angeblich ihre äußere Gestalt verändern und Kannibalismus sowie Ritualmord betreiben.**

| | |
|---|---|
| Ursprung: | Liberia |
| Entstehung: | frühes 20. Jahrhundert |
| Gründer: | unbekannt |
| Status: | aktiv, Westafrika |

## Geschichte

Die frühen europäischen Entdecker Westafrikas fanden dort viele verschiedene Völker vor. Besonders berüchtigt waren einige Stämme, die auf dem Gebiet des heutigen Liberia lebten, das damals Korn- oder Pfefferküste genannt wurde. Schon 1668 hieß es, das Volk der Kru vom Cape Palmas praktiziere Kannibalismus, und eine Karte von 1743 bezeichnet die Region im Süden von Liberia und der Elfenbeinküste als „Côte de Mal Gens", also als die „Küste der bösen Menschen". Als freigelassene amerikanische Sklaven ab 1822 dort angesiedelt wurden, kamen sie mit verschiedenen Geheimbünden in Kontakt, die in den westafrikanischen Stammesgesellschaften eine ganz normale Erscheinung waren. Die meisten von ihnen waren freundlich und harmlos, aber jenen, die nach Tieren wie dem Krokodil, der Schlange oder dem Leopard benannt waren, eilte ein grausiger Ruf voraus. Die Mitglieder der Leopard Society trugen angeblich Leopardenfelle, und messerscharfe Stahlkrallen schmückten ihre Finger; doch es gab noch schlimmere Gerüchte (siehe unten). Nachdem Afrika im späten 19. Jahrhundert aufgeteilt worden war, stießen Vertreter der Kolonialmächte auf ähnliche Geheimbünde.

Die Leopard Society wurde im Westen zu Beginn des 20. Jahrhunderts durch mehrere sensationslüsterne Berichte bekannt, darunter Sir Harry Johnstons 1906 erschienene Schrift *Liberia* und Graham Greenes *Reise ohne Landkarten* von 1936. Ein Artikel aus der Zeitung *African Affairs* von 1914 vermittelt einen Eindruck von diesen Berichten: „Die Human Leopard Society verbreitet Angst und Schrecken in der Kolonie, und zwar in einem Ausmaß, das dem der anderen Geheimbünde an der afrikanischen Westküste – wie etwa The White Man's Grave – in nichts nachsteht." In dem Artikel heißt es weiterhin, dass der Kannibalismus in der Leopard Society nur den Auftakt zu weiteren „dunklen und rätselhaften Ritualen" bilde.

Graham Greene drückt sich dagegen prägnanter aus. Einer seiner Führer habe ihm ganz einfach gesagt: „Diese Leute sind schlecht, sie töten Menschen." Bis in die 1950er-Jahre wurden der Leopard Society zahllose Ritualmorde zur Last gelegt, danach seien Geheimbünde wie dieser verboten worden.

Auch die in Teilen Kameruns und Nigeria aktive Ekpe ist als Leopard Society bekannt. Hierbei handelt es sich um einen Verbund von Geheimgesellschaften, der ehemals in der alten Handelsstadt Calabar (heute Nigeria) als eine Art identitätsstiftendes Element diente.

### Verschwörungstheorien

Die Leopardenmenschen von Westafrika wurden beschuldigt, grausamste Formen der schwarzen Magie zu praktizieren und zahlreiche rituelle Opferzeremonien durchzuführen. Ihnen wurde nachgesagt, sie würden die Körper ihre menschlichen Opfer lustvoll verschlingen und sie könnten sich dank magischer Fähigkeiten in echte Leoparden verwandeln.

### Kritischer Blick

Der Leopard gilt in Westafrika als königliches Tier und als Machtsymbol. Es ist von daher nicht weiter überraschend, dass Geheimbünde und religiöse Kulte sich mit ihm identifizierten. Die Vorwürfe des Ritualmords und des Kannibalismus mögen gerechtfertigt sein, doch sie waren auch typisch, wenn es darum ging, rivalisierende Stämme oder missliebige Gruppen bei den Behörden anzuschwärzen. Die Beweise hierfür blieben meist vage und anekdotisch. Alle Behauptungen, die Mitglieder der Leopard Society könnten sich tatsächlich in Raubtiere verwandeln, sind reine Hirngespinste.

### Weltweiter Einfluss: 11/100

Die Leopardenmenschen übten in Westafrika über lange Zeit einen großen kulturellen und sozialen Einfluss aus.

### Wie tritt man bei?

Kleiden Sie sich keinesfalls in ein Leopardenfell und reißen Sie mit Ihren Stahlkrallen auch keinem geeigneten Opfer das Herz heraus, um es dann zu essen.

Teil 4:

# Paramilitärische und politische Organisationen

# Assassinen

**Todbringende islamische Sekte des Mittelalters, angeführt von einem Mann, der die Gedanken einer ganzen Armee geheimer Killer kontrollierte – oder missverstandene religiöse Minderheit?**

| | |
|---|---|
| Ursprung: | Persien |
| Entstehung: | ca. 1094 |
| Gründer: | Hasan-i-Sabbah |
| Status: | aktiv, südliches Asien (Khoja) |

## Geschichte

Die Fatimiden waren eine schiitische Dynastie, die ab dem 11. Jahrhundert von Kairo aus einen Großteil der arabischen Welt beherrschten. Aufgrund mehrerer Glaubensspaltungen waren die Anhänger dieser speziellen Form des schiitischen Islams als Ismaeliten bekannt. Ein weiterer Konflikt, der auch die weltliche Herrschaft betraf, führte dazu, dass eine kleine Schar von Anhängern eines Kindes namens Nizar sich im Jahr 1094 von den Ismaeliten abspaltete und Ägypten verließ. Die von dem persischen Konvertiten Hasan-i-Sabbah angeführte Gruppe durchquerte die Berge Nordpersiens und ließ sich in einer alten Festung namens Alamut nieder.

Hier erst wurden aus den Nizariten die gefürchteten Haschischinen, die man im Westen als Assassinen bezeichnet. Nachdem sie sich erfolgreich gegen die Feindseligkeiten ihrer Nachbarn gewehrt hatten, brachten sie etliche Festungen in Syrien unter ihre Kontrolle und unterhielten später gute Beziehungen zu den nahen Kreuzfahrerkönigreichen. 1256 stürmten die Mongolen die Festung Alamut, und die syrischen Assassinen wurden neun Jahre später von den Mamelucken vernichtend geschlagen. Doch das alles konnte ihrer Legende nichts anhaben. Zwar waren ihre Festungen zerstört, doch die Nizariten lebten weiter: Heute sind sie als Khoja bekannt, und ihr Oberhaupt ist der Aga Khan.

## Verschwörungstheorien

Der ursprüngliche Name der Assassinen lässt darauf schließen, dass sie das aus dem Harz der Cannabispflanze gewonnene Haschisch konsumierten. Angeblich nutzten es die Anführer, um aus ihren Gefolgsleuten willenlose Killermaschinen zu machen. Hier lägen die Ursprünge der von den Illuminaten im Rahmen der Neuen Weltordnung angestrebten Bewusstseinskontrolle, behaupten die Verschwörungstheoretiker. Verschiedene Autoren des Mittelalters, darunter Marco Polo, berichten davon, dass

**Oben:** Der „Alte vom Berg“ stellt seine Macht über die Assassinen unter Beweis und befiehlt zweien, sich das Leben zu nehmen.

der Anführer der Assassinen, der „Alte vom Berg“, junge Rekruten entführen und ins Gebirgsparadies Alamut verschleppen würde – eine wunderschöne Gartenanlage, die das hohe Niveau der assassinischen Baukunst widerspiegle.

Dort könnten sie sich mit hübschen Frauen vergnügen, bis sie erneut unter Drogen gesetzt und zum Alten gebracht würden. Dieser würde ihnen die Rückkehr ins Paradies versprechen, wenn sie in seinen Diensten stürben. Am Ende der Initiationszeremonie würde der Alte verkünden: „Nichts ist wahr, alles ist erlaubt.“ Mit ihren Legionen von Zombie-Killern bildeten die Assassinen etwas, das Joseph von Hammer-Purgstall ein

„Imperium der Verschwörer" nannte, die entschlossen seien, „jegliche Religion und Moral durch ihre Doktrin der Irreligiosität und Unmoral zu untergraben."

Auch wenn die Mongolen ihre Bergfestung zerstörten, hätten die Assassinen ihr geheimes Wissen schon lange vorher an die Templer weitergegeben, die ihrerseits die Freimaurer, die Rosenkreuzer und die Illuminaten gegründet hätten, wofür die vielen Ähnlichkeiten in den Hierarchien sprächen. Heute werde das böse Werk der Assassinen durch den Einsatz moderner Techniken zur Bewusstseinskontrolle weitergeführt – immer mit dem Ziel, die Neue Weltordnung einzuführen. Und der Aga Khan, so behaupten die Paranoiker, sei ein führendes Mitglied der heutigen Illuminatenelite.

## Kritischer Blick

Skeptiker sind der Ansicht, dass die Mythen und Anschuldigungen hinsichtlich der Assassinen allesamt Verfälschungen sind – also Lügen, die dazu dienen sollen, eine Gruppe aus politischen oder ideologischen Gründen zu diskreditieren. Der Name „Haschischinen" selbst ist eine Verleumdung, denn im Islam ist der Konsum von Rauschmitteln verboten und gilt als unrein. In Wirklichkeit waren die Haschischinen, die sich selbst *ad-dawa al-jadida* („die neue Lehre") nannten, wahrscheinlich strenge Abstinenzler. Hinzu kommt, dass die bekannte Wirkung von Haschisch gar nicht zu den Legenden über die Assassinen passt: Deren Drogen sollen zu verzweifeltem Mut und manischem Gehorsam geführt haben. Weit entfernt von den sie umgebenden Gerüchten, waren die Nizariten für ihre Gelehrsamkeit, ihre großartigen Bibliotheken und ihre Fähigkeiten im Wasserbau bekannt, die es ihnen ermöglichte, in einer lebensfeindlichen Umwelt zu existieren. Und auch wenn die Nizariten wahrscheinlich mit den Templern in Kontakt standen, findet sich doch kein Hinweis darauf, dass sie sie beeinflussten oder irgendetwas an sie weitergaben. Alles in allem sind die exotischen und fantasievollen Erzählungen über die Assassinen ein Produkt des westlichen Orientalismus, d. h. einer verfälschenden Sichtweise des Ostens, die sich im 19. Jahrhundert durchsetzte (siehe S. 43).

## Weltweiter Einfluss: 19/100

Zu ihrer Zeit waren die Assassinen ein echter Machtfaktor auf der komplexen politischen Landkarte des Mittleren Ostens. Und ihr kultureller Einfluss dauert bis heute an – in der Realität bei den Khoja und in der Fiktion dank der geschilderten Legenden.

## Wie tritt man bei?

Der Alte vom Berg war dafür bekannt, die grimmigsten Wächter entführen zu lassen, die mit den Karawanen durchs Gebirge zogen. Polieren Sie also Ihre militärischen Kenntnisse auf und lassen Sie sich von einem nordiranischen Händler als Bodyguard anwerben.

# Club des Hachichins

**Eine Gruppe von Künstlern, Schriftstellern und anderer Bohémiens im Paris des 19. Jahrhunderts, die sich bei einem mysteriösen Doktor X traf und die Assassinen nachahmte.**

| | |
|---|---|
| Ursprung: | Frankreich |
| Entstehung: | ca. 1845 |
| Gründer: | Jacques-Joseph Moreau de Tours |
| Status: | erloschen |

## Geschichte

Jacques-Joseph Moreau de Tours war ein französischer Arzt und Vorreiter der Psychiatrie. Er war auch ein mutiger Reisender und wegweisender Anthropologe, der drei Jahre in Ägypten verbrachte, um die dortige Drogenkultur zu erforschen. Nach seiner Rückkehr nach Paris veröffentlichte er 1845 das Buch *Vom Haschisch und der mentalen Entfremdung.* Ungefähr zur selben Zeit begannen einige Künstler und Journalisten, regelmäßig eine mit orientalischer Pracht ausgestattete Suite im Hôtel Pimodan zu besuchen. Dort bot ihnen dann ein in türkische Gewänder gekleideter, geheimnisvoller Mann, der sich „Doktor X" oder „Scheich der Assassinen" nannte, einen grünen Brei an, der alptraumhafte Visionen oder aber Euphorie und Ekstase hervorrufen konnte.

Diese Gruppe war als Club des Hachichins oder als Orden der Assassinen bekannt, und zu seinen Mitgliedern zählten bekannte Größen aus Kunst und Literatur wie etwa Théophile Gautier, Alexandre Dumas, Honoré de Balzac und Charles Baudelaire. Dumas ließ seine Erfahrungen mit dem Klub in den Roman *Der Graf von Monte Christo* einfließen – in ihm verabreicht der Graf dem Helden eine geheimnisvolle grüne Paste, die ihn emotional völlig enthemmt. Der Klub verließ schon bald das Hôtel Pimodan und soll sich um 1849 aufgelöst haben.

## Verschwörungstheorien

Glaubt man einigen Verschwörungstheoretikern, stammte der Club des Hachichins in direkter Linie von den ursprünglichen Assassinen ab. Der mysteriöse Doktor X – hinter dem sich ganz offensichtlich Moreau verbarg – war ein neuzeitlicher „Alter vom Berg", der wie schon seine Vorgänger mit bewusstseinserweiternden Drogen experimentierte. Hierfür nutzte er dunkles Geheimwissen, das er sich in Ägypten angeeignet hatte. Angeblich war Moreau dort auf Nachfolger der echten Assassinen gestoßen, die noch immer im Untergrund aktiv waren.

Das Rauschmittel, das Moreau verabreichte, soll auch kein Cannabis gewesen sein, denn das hat nur einen leicht euphorisierenden Effekt. Moreaus viel stärkeres Produkt war womöglich ein künstliches Rauschgift, hergestellt mithilfe fortgeschrittener Illuminaten-Technologie.

Der Klub, so sagen die Verschwörungstheoretiker, spielte eine zentrale Rolle im nach wie vor aktuellen Plan der Illuminaten, die Gesellschaft in die Dekadenz zu führen und so zu vernichten. In prototypischer Weise wies er alle Kennzeichen einer modernen Jugend- und Gegenkultur auf: eine gefährliche Nähe zu Drogen, Antihelden vom Rand der Gesellschaft, Gurus mit pseudophilosophischen Ansichten sowie moralische und sexuelle Freizügigkeit.

## Kritischer Blick

Es gebe nicht den geringsten Beweis für eine Verbindung zwischen den Assassinen und dem Club des Hachichins, betonen Skeptiker. Es mag jedoch stimmen, dass Moreau den Klub als eine Art Testlabor ansah, in dem er an seinen Gästen bzw. Versuchspersonen Experimente durchführen konnte – denn immerhin wollte er die psychischen und physischen Auswirkungen des Haschischkonsums eingehend untersuchen. Die Behauptung, es habe sich bei der von ihm verabreichten Droge nicht um Haschisch gehandelt, ist falsch. In Ägypten, wo Moreau sich mit dem Haschischkonsum beschäftigt hatte, wurde es in Form von Dawamesk zu sich genommen, einer Paste aus hochkonzentriertem Cannabis mit hohen Dosen des aktiven Wirkstoffs Tetrahydrocannabinol. Und es wurde eher gegessen als geraucht. In solch hoher Konzentration eingenommen, kann Haschisch lebhafte Halluzinationen über einen längeren Zeitraum verursachen. Das orientalische Dekor sollte wahrscheinlich zum Wohlbefinden der Klubmitglieder beitragen und das Ganze wohl auch ein bisschen spannender machen.

## Weltweiter Einfluss: 10/100

Der Club des Hachichins hatte wahrscheinlich einen großen kulturellen Einfluss als Modell einer Gegenkultur, aber nicht als Teil einer Illuminatenverschwörung.

## Wie tritt man bei?

Finden Sie ein Land, in dem Haschisch legal oder zumindest entkriminalisiert ist, und suchen Sie zusammen mit einigen Künstlern und Bohémiens den Kontakt zu einem exzentrischen Doktor mit Interesse an Drogen. Jetzt können Sie Ihren eigenen Klub gründen.

# Ninja

**Angeblich sind Ninja geheime Krieger mit ausgezeichneten Kenntnissen in Kampfkunst und Täuschungstechnik. Doch kann es sein, dass sie einfach erfunden wurden und nicht realer sind als Robin Hood?**

| | |
|---|---|
| Ursprung: | Japan |
| Entstehung: | ca. 17. Jahrhundert |
| Gründer: | unbekannt |
| Status: | erloschen |

## Geschichte

Erstmals lassen sich die Ninja in der japanischen Kultur der Edo-Zeit (17. bis spätes 19. Jahrhundert) zweifelsfrei nachweisen, und zwar insbesondere im Rahmen des *Ukiyo-e* („Bilder der fließenden Welt"). Ziel dieser Kunstrichtung war es, neben einer in Etikette erstarrten Oberschicht auch die aufkommende Mittelklasse anzusprechen, und dies führte zur Entstehung von massenmarkttauglichen Produkten wie Druckgrafiken, Abenteuerromanen und neuen Theaterformen wie dem Kabuki. Der Ninja kommt in all diesen Kunstgattungen vor. Seine Kleidung ist schwarz von den weichen Schuhen bis zur Kapuze oder Haube, seine Rolle ist die des Spions oder Meuchelmörders, seine Kampfkunst ist das Ninjutsu. Auch bildet er das Gegenstück zum ehrenwerten Samurai, denn er agiert im Geheimen und setzt alle, auch unlauteren Mittel ein, um an sein Ziel zu gelangen. Ebenfalls in der Edo-Zeit kamen die ersten „Ninja-Handbücher" auf den Markt, in denen die Leser die Techniken und Methoden der Ninja kennenlernten.

Filme wie *James Bond 007 – Man lebt nur zweimal* von 1967 und *Ninja, die Killer-Maschine* von 1981 machten die japanischen Kämpfer dann weltweit bekannt und lösten einen wahren Ninja-Boom aus: Es entstanden weitere Filme, und auch den Kampfsport Ninjutsu konnte man ab 1980 bei japanischen Profis erlernen.

## Verschwörungstheorien

Glaubt man heutigen Ninjutsu-Fans und der einschlägigen Populärliteratur, waren die Ninja ein spätestens im Japan des frühen Mittelalters entstandener geheimer Kriegerorden.

Masaaki Hatsumi, der bekannteste Ninjutsu-Fachmann von heute, behauptet sogar: „Die Geschichte der Ninja ist sehr lang. Manche sagen, sie reiche 2500 Jahre weit zurück, doch tatsächlich finden sich Belege aus der Zeit vor rund 4300 Jahren."

Dem Volksglauben zufolge wurden die ersten Ninja von den Tengu unterrichtet – mythischen Vogelmenschen, die für ihre Grausamkeit und ihren geschickten Umgang mit dem Schwert berühmt waren. Einige moderne Verschwörungstheoretiker interpretieren die Tengu-Legenden als volkstümlich verbrämte Erinnerungen an außerirdische Illuminaten.

Lässt man die mythischen Gestalten einmal beiseite, geht die Kunst des Ninjutsu wahrscheinlich auf Mönche und Krieger zurück, die nach dem Zusammenbruch der Tang-Dynastie im 10. Jahrhundert aus China vertrieben wurden. Die von ihnen überlieferten Traditionen lassen sich angeblich bis zu den außergewöhnlichen körperlichen und esoterischen Fähigkeiten jener altindischen Priester zurückverfolgen, die den Theosophen zufolge von arischen Wurzelrassen und von den Aufgestiegenen Meistern in Tibet abstammen. Die Einwanderer aus China sollen vor allem in die gebirgigen Provinzen Iga und Koga gezogen sein – ähnlich wie das sizilianische Binnenland ein von kriminellen Banden beherrschtes Gebiet, in dem arme Gemeinschaften starke Traditionen der Eigenständigkeit und der Selbstverteidigung entwickelt hatten. Dort feilten die Ninjas (oder auch *ryu*) so lange an ihrer Technik, bis sie sich auch in schwer bewachte Burgen einschleichen und Kriegsherren ermorden konnten.

Den Ninjas wurde nachgesagt, sie könnten fliegen und sich unsichtbar machen, und die Handbücher listeten die wunderlichsten Methoden und Hilfsmittel auf wie etwa Panzer, U-Boote, Flammenwerfer getarnt als Kühe, menschliche Kanonenkugeln, riesenradartige Belagerungsmaschinen, Flugdrachen und Spinnenschuhe, um übers Wasser zu gehen.

**Rechts:** Holzschnitt mit Ninja, ca. 19. Jahrhundert, Japan (Ninja Museum Iga-ryu).

Im mittelalterlichen Japan hätten die Ninjas angeblich für rivalisierende Warlords gekämpft, in der stabileren Edo-Zeit seien sie für den Shogun als Kommandeure von Elitetruppen und später als Spione tätig gewesen. Der letzte bekannte Auftrag der Ninja soll das Eindringen in die Schiffe des US-amerikanischen Flottenkommandeurs Perry im Jahr 1853 gewesen sein, doch ihr Wissen und ihre Traditionen würden über Geheimdokumente wie die *Tora no Maki* (Tigerrollen) weitergegeben.

## Kritischer Blick

Die Ninja hat es nie gegeben, sagen die Skeptiker. Sie sind frei erfunden, ein Produkt der Ukiyo-e-Kultur. In den Quellen der Vor-Edo-Zeit finden sich keine Ninja im heutigen Wortsinn, die Rede ist nur von Spionen, Mördern, Spähern usw. Die „historischen" Gestalten, die heute Ninja genannt werden, sind volkstümliche Heldenfiguren, die kulturellen Trends unterworfen sind – ursprünglich sah man in ihnen Samurais oder Banditen. Das klassische Bild des schwarz gekleideten Ninja, das nicht vor 1802 auftaucht, stammt von den *kurogo,* den Bühnenhelfern des Kabuki-Theaters. Die schwarzgekleideten und somit auf der Bühne unauffälligen Helfer avancierten schnell zu Symbolen für Heimlichkeit und Unsichtbarkeit. Anhänger des Ninjutsu dachten sich komplexe Geschichten zu ihrer Kampfkunst aus und ergänzten im Nachhinein Gestalten und Ereignisse, die nichts mit den Ninja zu tun hatten. Die Tigerrollen sind erfunden, sagen die Zweifler, und die *Ninja-ryu* reine Fantasiegestalten.

## Weltweiter Einfluss: 6/100

Da es sie höchstwahrscheinlich nie gegeben hat, können die Ninja kaum die Geschichte beeinflusst haben, doch ihre kulturelle Bedeutung lässt sich nicht leugnen.

## Wie tritt man bei?

Etliche berühmte Ninja sollen von Ninjutsu-Meistern zum Training ausgewählt worden sein, nachdem beobachtet worden war, wie sie mit Bäumen kämpften und so ihre Fähigkeiten unter Beweis stellten. Fahren Sie also nach Japan und fordern Sie die Flora zum Kampf heraus.

# Söhne der Freiheit

**Ursprünglich ein Geheimbund, der sich für amerikanische Freiheiten und Sonderrechte stark machte; während des Bürgerkriegs wurde der Name von den Friedensdemokraten übernommen.**

| | |
|---|---|
| Ursprung: | USA |
| Entstehung: | 1765 |
| Gründer: | The Loyal Nine |
| Status: | erloschen |

## Geschichte

Die ersten Söhne der Freiheit waren einige Handwerker und Händler aus der unteren Mittelschicht, die sich The Loyal Nine („Die loyalen Neun") nannten. Die Gruppe formierte sich 1765 in Boston, um sich der Einführung der damaligen Stempelsteuer zu widersetzen, und schon bald bildeten sich weitere Gruppen in New York und anderswo in den 13 amerikanischen Kolonien.

Je größer der Widerstand gegen die Stempelsteuer wurde, desto aggressiver gingen die Söhne der Freiheit vor. 1765 attackierten sie in New York den Sitz der britischen Behörden. In Boston hängten und verbrannten sie eine Puppe, die den Beamten darstellte, der die Stempelsteuer einführen sollte. Und sie liefen Amok: Britische Loyalisten mussten fürchten, geteert und gefedert zu werden.

Als die Stempelsteuer 1766 wieder abgeschafft wurde, löste sich die Bewegung auf, doch ein weiteres unpopuläres Gesetz führte 1768 zu ihrer Neugründung. Sie bestand bis 1783, als im Vertrag von Paris die Unabhängigkeit der Vereinigten Staaten offiziell anerkannt wurde. Ihre bekannteste Aktion war sicherlich die Boston Tea Party, die im Jahr 1773 stattfand.

Während des Amerikanischen Bürgerkriegs formierte sich 1863 eine neue Gruppe unter diesem Namen, und zwar in den Reihen der Friedensdemokraten – jenen Demokraten aus dem Norden, denen die Haltung der Republikaner gegenüber den Konföderierten des Südens missfiel. Daraufhin wurden 1864 etliche Söhne der Freiheit verhaftet und wegen aufrührerischer Tätigkeit gegen die Union verurteilt.

## Verschwörungstheorien

Britische Loyalisten zur Zeit des Amerikanischen Unabhängigkeitskriegs sahen in den Söhnen der Freiheit eine wohldurchdachte Verschwörung mit dem Ziel, einen Steuerstreit in eine offene Revolution zu verwandeln und ganz nebenbei die Loyalisten all ihres Besitzes zu berauben. Da sich viele Freimaurer unter den Söhnen der Freiheit befanden, galten Letztere zuweilen auch als Vorhut einer von den Freimaurern geplanten Revolution.

Die Söhne der Freiheit zur Zeit des Bürgerkriegs wurden von den Republikanern des Nordens als Verräter und Aufrührer angesehen. Sie nannten sie „Copperheads" – nach den gefährlichen Giftschlangen. Sie galten als Fünfte Kolonne und wurden beschuldigt, an der Nordwestkonföderation und am Aufstand von Camp Douglas beteiligt zu sein. (Erstere war ein versuchter Zusammenschluss von Staaten des Mittleren Westens, die sich aus dem Krieg heraushalten wollten, Letzterer ein Versuch, konföderierte Gefangene aus den Lagern in Chicago und Umgebung zu befreien.)

## Kritischer Blick

Die ursprünglichen Söhne der Freiheit bildeten keinen festen Block von Verschwörern, sondern waren lose miteinander in Verbindung stehende Gruppen in verschiedenen Städten und Bundesstaaten. Viele dieser Gruppen trugen auch zunächst andere Namen. Einige von ihnen mögen sich abgesprochen haben, um ihre Aktionen zu koordinieren, doch es gab keine zentrale Führung, sagen die Skeptiker. Einziges Ziel der Söhne der Freiheit sei die Abschaffung der Stempelsteuer gewesen, weitergehende Pläne, auch hinsichtlich einer Revolution, hätte es nie gegeben.

Die Söhne der Freiheit zur Zeit des Bürgerkriegs waren niemals die große Bedrohung, als die sie angesehen wurden. Hauptsächlich ging es ihnen um Bürgerrechte, die von der ihrer Meinung nach diktatorisch vorgehenden Regierung der Republikaner verletzt wurden. In Wahljahren nutzten republikanische Kandidaten jedoch gern Informanten und Agents Provocateurs, um ihren Gegnern erfundene Anschuldigungen anzuhängen. Die Nordwestkonföderation und der Aufstand von Camp Douglas sind zum größten Teil erfunden.

## Weltweiter Einfluss: 20/100

Wahrscheinlich unabsichtlich hatten die ursprünglichen Söhne der Freiheit einen enormen Einfluss auf den Verlauf der Revolution, und zwar als Fundament für die Committees of Correspondence.

## Wie tritt man bei?

Treffen Sie sich unter dem Freiheitsbaum in Boston und haben Sie ein Bild des Kolonialgouverneurs dabei – oder etwas Ähnliches.

# Carbonari

**Verschiedene Geheimbünde, die im frühen 19. Jahrhundert in Italien Revolutionen planten und durchführten, sich dann europaweit ausbreiteten und in Frankreich und Griechenland Revolutionen anzettelten.**

| | |
|---|---|
| Ursprung: | Italien |
| Entstehung: | ca. Mitte 17. bis Mitte 19. Jahrhundert |
| Gründer: | Pierre Joseph Briot |
| Status: | erloschen |

## Geschichte

Die Vorläufer der italienischen Carbonari („Köhler") waren die Mitglieder der während der Französischen Revolution gegründeten Charbonnerie. Diese wiederum basierte auf dem Orden der Holzschnitzer, einer den Freimaurern ähnlichen Gesellschaft, die in den 1740er-Jahren in Paris entstanden war. Die Charbonnerie war in erster Linie eine soziale Organisation, in der die Lehren und Rituale der Freimaurer eine wichtige Rolle spielten. Nachdem Napoleon die Staaten auf dem Gebiet des heutigen Italien erobert hatte, wurden einige von ihnen an Frankreich angeschlossen und andere zu abhängigen Vasallenstaaten. In Neapel zum Beispiel wurde Napoleons Bruder Joseph neuer König. Unter den Franzosen in Neapel befand sich Pierre Joseph Briot, Mitglied der Charbonnerie und alter Revolutionär, der eisern an seinen republikanischen Idealen festhielt. Um Napoleons Imperialismus entgegenzuwirken, gründete er einen italienischen Ableger des Geheimbunds – die Carbonari.

Die Carbonari hatten viel mit den Freimaurern gemeinsam, so etwa die Grade der Einweihung, diverse Legenden und die Aufteilung in Logen, die bei den Carbonari *vendite* („Läden") genannt wurden. Doch es gab auch Unterschiede. Die *vendite* in verschiedenen Gegenden standen nur lose miteinander in Verbindung, und es war schwer, die Organisation zu unterdrücken, denn es gab keine Führungsriege. Auch nutzten die Carbonari nicht das esoterische Vokabular der Freimaurer, sondern gängige religiöse Symbole, womit sie breitere Bevölkerungsschichten ansprachen, vor allem in Süd- und Osteuropa. Ihren Nachwuchs holten sich die Carbonari aus der Mittelschicht, der die meisten jungen Offiziere und Regierungsbeamten angehörten. Carbonari mussten ein Gewehr, Munition und einen Dolch bei sich tragen, denn dieser Geheimbund bedeutete Arbeit.

Die aufkommenden liberalen, republikanischen und nationalistischen Ideale sorgten dafür, dass die Carbonari sich schnell ausbreiteten. 1820 zettelten sie in Neapel eine Revolution an. Es folgten Aufstände in Sizilien im selben Jahr, in Piemont 1821 und in Frankreich 1822. Zwar wurden sie allesamt von royalistischen Kräften und von der österreichischen Armee niedergeschlagen, doch *economie* („Wirtschaften") genannte Ableger der Carbonari-Gruppen waren an anderen Aufständen in Europa beteiligt, darunter an der erfolgreichen griechischen Revolte gegen die türkische Herrschaft (1821–1826), am russischen Dekabristenaufstand von 1825 und an der Julirevolution von 1830 in Paris. Die wichtigsten italienischen Revolutionäre der damaligen Zeit, Filippo Buonarroti und Giuseppe Mazzini, waren beide Mitglieder der Carbonari.

**Oben:** Aufnahme eines neuen Mitglieds bei einem Geheimtreffen der Carbonari, Holzstich nach einer Zeichnung von Ludwig Burger, 19. Jahrhundert.

## Verschwörungstheorien

Gemäß der Theorie von der Historischen Weltverschwörung waren die Carbonari nichts anderes als die Vorhut der Illuminaten (siehe S. 13). Hatten diese sich vorgenommen, alle Religionen und Regierungen zu stürzen, so waren die Aktionen der Carbonari eindrucksvolle Probeläufe. Unter dem Deckmantel republikanischer Ideen versuchten Letztere, Atheismus und Anarchie zu verbreiten, damit am Ende die Illuminaten zu despotischen Weltherrschern aufsteigen konnten.

## Kritischer Blick

Auch wenn die Carbonari rein äußerlich viel von den Freimaurern übernahmen und von ganz ähnlichen Gruppen abstammten, unterschieden sie sich doch beträchtlich von den Freimaurern. Tatsächlich stehen das auf Passivität, Selbstvervollkommnung und brüderliche Unterstützung beruhende Selbstverständnis der Freimaurer und die aktive, revolutionäre Agenda der Carbonari in einem so krassen Gegensatz zueinander, dass schnell klar wird, wie falsch und irreführend die Vorwürfe sind, mit denen sich die Freimaurer immer wieder auseinandersetzen müssen. Der Fall der Carbonari beweist, dass Geheimbünde Revolutionen auslösen können, wenn sie es wirklich wollen – auch wenn der Erfolg manchmal begrenzt ist.

## Weltweiter Einfluss: 36/100

Auch wenn die meisten ihrer Aufstände fehlschlugen, waren die Carbonari an den erfolgreichen Umstürzen in Griechenland und Italien doch aktiv beteiligt.

## Wie tritt man bei?

Finden Sie ein kleines Land, das unter einer schlechten monarchischen oder oligarchischen Regierung leidet, und schwören Sie Ihren Carbonari-Kameraden (den „guten Cousins“) über der Klinge einer Axt gegenseitige Unterstützung.

# Fenier

**Die Fenier, auch bekannt als Irische Republikanische Bruderschaft, waren ein irisch-amerikanischer Geheimbund im 19. Jahrhundert, der mit Waffengewalt die irische Unabhängigkeit herbeiführen wollte.**

| | |
|---|---|
| Ursprung: | USA |
| Entstehung: | ca. 1858 |
| Gründer: | John O'Mahony |
| Status: | erloschen |

## Geschichte

Die schrecklichen Hungersnöte im Irland der 1840er-Jahre förderten revolutionäre und nationalistische Tendenzen und führten zur Gründung der Bewegung „Junges Irland" und zur erfolglosen Revolte von 1848. Deren Anführer flohen ins Ausland: James Stephens nach Paris und John O'Mahony nach Amerika, wo über eine Million irische Einwanderer lebten. Stephens kehrte nach Dublin zurück und gründete 1858 eine Gruppe namens „Die Bruderschaft", deren Mitglieder schworen, einander im Kampf gegen die Briten zu unterstützen. Von entscheidender Wichtigkeit war hierbei, dass die Gruppe, die später unter dem Namen Irische Republikanische Bruderschaft (IRB) bekannt wurde, von ihrer amerikanischen Schwestergesellschaft, den Feniern, großzügig mit Geld und Waffen unterstützt wurden. Die Fenier, benannt nach den Fianna, einer legendären Bande von Kriegern aus der irischen Geschichte, waren von John O'Mahony in New York gegründet worden und hatten später auch Ableger in Australien und Großbritannien.

Die IRB orientierte sich stark an europäischen Geheimbünden wie den Carbonari (siehe S. 96) – mit strengen Sicherheitsregeln und einzeln agierenden Zellen, die offiziell nichts voneinander wussten. Leider kamen britische Spione der IRB schnell auf die Schliche, vor allem da die amerikanischen Fenier wenig unternahmen, um nicht aufzufallen – sie publizierten sogar eigene Zeitungen und hielten öffentliche Versammlungen ab. In den 1860er-Jahren führte ein Zustrom irischer Veteranen aus dem Amerikanischen Bürgerkrieg zu dem ehrgeizigen Plan eines Angriffs an zwei Fronten.

1867 zettelte die IRB eine Erhebung in Irland an, die mit Truppen und Waffen aus Amerika unterstützt werden sollte. Doch als das von den Feniern ausgestattete Schiff *Erin's Hope* in Irland ankam, war der Aufstand bereits niedergeschlagen, und die Passagiere wurden gefangengenommen. Zahlreiche Fenier waren ohnehin der Meinung, dass die Briten in Nordamerika weitaus verwundbarer waren als in Europa. Daher marschierten 1866 einige Fenier in Kanada ein und besetzten Fort Erie, mussten sich jedoch bald wieder zurückziehen. 1870 schlugen einige weitere, von Vermont aus gestartete Angriffe ebenfalls fehl.

Den nunmehr diskreditierten Feniern liefen die Mitglieder davon, doch ihr irischer Zweig blieb aktiv. In den 1880er-Jahren unterstützte die IRB mehrere terroristische Aktionen in England und organisierte später zusammen mit anderen irischen Unabhängigkeitsgruppen den Osteraufstand von 1916. Und obwohl auch dieser keinen Erfolg hatte, führte er doch zur Revolution und damit 1921 zu einem unabhängigen Irland mit IRB-Präsident Michael Collins an der Spitze.

## Verschwörungstheorien

Anhänger der Theorie von der Historischen Weltverschwörung sehen die Fenier und die IRB als Marionetten der von den Illuminaten gelenkten Freimaurer und somit als Teil des weltweiten Plans zur Abschaffung aller Religionen und Regierungen an. Sie verweisen auf den Einfluss der Carbonari auf die Fenier und schließen daraus auf die Rolle der Freimaurer.

## Kritischer Blick

Wahrscheinlich beeinflussten die Carbonari die Bewegung „Junges Irland", welche wiederum die Fenier inspirierte, doch es gibt keinerlei Hinweise auf eine direkte Verbindung zu den Carbonari und schon gar nicht zu den Freimaurern. Und auch wenn es stimmt, dass die Fenier anfangs von der katholischen Kirche abgelehnt wurden, ist es einigen Kritikern zufolge doch lächerlich zu behaupten, sie seien gegen die Religion oder gar Atheisten gewesen. Auch waren die Fenier keinesfalls Teil einer geheimen Weltverschwörung, sondern eine der am wenigsten geheimen Geheimgesellschaften – was auch ihr Hauptproblem war.

## Weltweiter Einfluss: 20/100

Die IRB spielte im irischen Unabhängigkeitskampf eine wichtige Rolle, die Fenier jedoch waren in Kanada weniger erfolgreich.

## Wie tritt man bei?

Noch immer existieren Geheimbünde, die fest entschlossen sind, die Briten mit Gewalt aus Irland zu vertreiben. Über eine Mitgliedschaft bei etwaigen Ablegern der Fenier lassen sich also keine Witze machen.

# Molly Maguires

**Ein Geheimbund irisch-amerikanischer Bergarbeiter in den Kohleminen von Pennsylvania in den 1870er-Jahren, dem eine Reihe von Morden zur Last gelegt wurde.**

| | |
|---|---|
| Ursprung: | Irland |
| Entstehung: | ca. 18. Jahrhundert |
| Gründer: | unbekannt |
| Status: | erloschen |

## Geschichte

Die entsetzlichen Lebensbedingungen in Irland zwangen im 19. Jahrhundert über eine Million Iren zur Emigration nach Amerika, doch häufig besserte sich ihre Lage nach der Ankunft keineswegs. Die irischen Bergleute in den Kohleminen von Pennsylvania litten unter ihren niedrigen Löhnen, den schlimmen Arbeitsbedingungen und den anti-irischen Vorurteilen der Minenbesitzer und der anderen Arbeiter. In den 1860er-Jahren kamen dann etliche Minenbesitzer, Vorarbeiter und Amtsträger auf ungeklärte Weise ums Leben.

1869 setzte sich eine Art Gewerkschaft, die Workingmen's Benevolent Association (WBA), vehement für bessere Arbeitsbedingungen und eine bessere Bezahlung der Bergleute ein. Etwa zur selben Zeit wuchs der Einfluss des Eisenbahnmagnaten und Minenbesitzers Franklin Gowen in der Branche. 1873 erteilte er dem Detektiv James McParlan den Auftrag, sich in eine geheime terroristische Organisation einzuschleusen, von der er gerüchteweise gehört hatte. Ihre als Molly Maguires bekannten Mitglieder hatten angeblich unter dem Deckmantel des Alten Ordens der Hibernier (AOH) eine Bruderschaft gegründet, die bei Iren sowohl in Irland als auch in Amerika sehr populär war. McParlan behauptete bald, er habe sich erfolgreich bei den Molly Maguires einschleusen können, und brachte sie mit einer weiteren Reihe von Morden an „Feinden" der irischen Bergleute in Verbindung. 1876 kam es zu einer Verhaftungswelle, und in den Folgejahren wurden im Laufe mehrerer Prozesse 20 angebliche Molly Maguires zum Tode verurteilt, während etliche weitere im Gefängnis landeten.

## Verschwörungstheorien

Die auf McParlans Aussage basierende und mit Unterstützung einiger „wohlgesonnener" Zeitungen von Franklin Gowen verbreitete Geschichte war die, dass es sich bei den Molly Maguires um einen terroristischen Geheimbund handelte, der aus Irland nach Amerika eingewandert war.

Angeblich hätten im Irland der 1840er-Jahre Banden von Unruhestiftern in Frauenkleidern und mit geschwärzten Gesichtern etliche Anwesen verwüstet und deren Besitzer terrorisiert. Ihren Namen hätten die Molly Maguires von einer Frau übernommen, von der es hieß, sie sei mit Gewalt aus ihrem Haus vertrieben worden. Unter dem Deckmantel des AOH, einer undurchsichtigen, weltweiten Verschwörung mit Einfluss auch jenseits des Atlantiks, hätten diese Kriminellen ihren Terror nach Amerika eingeschleppt. Dort hätten sie dann die WBA gegründet, um ihre tödliche Kombination aus Sozialismus und Mord besser tarnen zu können.

## Kritischer Blick

Das Märchen von den Molly Maguires ist eine tragische Geschichte über Rassismus und Fehlurteile im Dienste eines rücksichtslosen Kapitalismus. Es gibt keinerlei Hinweise darauf, dass irische Bergleute in Pennsylvania irgendwelche Geheimbünde aus ihrer Heimat mitgebracht hatten. Es gibt noch nicht einmal einen Beweis dafür, dass es die Molly Maguires überhaupt gab. Die einzige Aussage hierzu stammt von McParlan – einem dubiosen Charakter im Dienste Gowens, der wiederum in diesem Fall als Ankläger auftrat. Die Geschworenen waren Deutschamerikaner und arme Engländer und somit den Iren feindlich gesonnen. Die Prozesse hatten also mit objektiver Rechtsprechung nur wenig zu tun. Gowen nutzte sie, um den AOH, eine völlig harmlose Organisation, zu diskreditieren und um die WBA zu vernichten – eine legitime Vereinigung und eine Bedrohung für seinen Profit. Wenn es die Maguires tatsächlich gegeben hat, dann weil sie die einzige Art der politischen Mitsprache darstellten, die den verarmten, rechtlosen und entfremdeten Iren zur Verfügung stand. Und wenn es Parallelen zu früheren Vorkommnissen in Irland gab, so ist dies nicht weiter überraschend angesichts der in beiden Fällen ähnlich unerträglichen Bedingungen, unter denen die Iren zu leiden hatten.

## Weltweiter Einfluss: 15/100

Auch wenn die Molly Maguires, wenn es sie denn je gegeben hat, mit Gewalt aufgelöst wurden, bildete sich doch dank des Vereinigungsprozesses, an dem sie beteiligt waren, im Jahr 1890 die Gewerkschaft United Mine Workers of America.

## Wie tritt man bei?

Besuchen Sie Bars in Industriestädten, in denen irische Arbeiter unter den Arbeitsbedingungen des 19. Jahrhunderts leiden. Tun Sie so, als seien Sie ein Mitglied des AOH, und vergessen Sie nicht zu erwähnen, dass Sie ein Kleid besitzen.

# Boxer

**Die „Fäuste der Gerechtigkeit und Harmonie", auch als „Boxer" bekannt, waren ein Geheimbund, der sich der Magie und der Kampfkunst widmete und einen Aufstand gegen den ausländischen Einfluss in China wagte.**

| | |
|---|---|
| Ursprung: | China |
| Entstehung: | 1898 |
| Gründer: | unbekannt |
| Status: | erloschen |

## Geschichte

Das späte 19. Jahrhundert war eine turbulente Zeit in China: Neue Erfindungen wie das Dampfschiff und diverse Maschinen hatten viele Menschen arbeitslos gemacht. Gleichzeitig litten Bauern und Arbeiter unter Überschwemmungen und Hungersnöten. In der verunsicherten Bevölkerung entwickelte sich eine unterschwellige Abneigung gegen alles Ausländische – seien es nun die Maschinen, die verhassten Missionare oder deren Anhänger, die sogenannten „Reis-Christen". Diese reaktionäre und populistische Stimmung machte sich eine neuartige Bewegung zunutze, nämlich der Geheimbund Yihequan, was so viel wie „Fäuste der Gerechtigkeit und Harmonie" bedeutet. Wegen der Kampfkunst, die sie praktizierten, wurden die Mitglieder des Bundes auch als „Boxer" bezeichnet.

Die Boxer wurzelten in einer Tradition chinesischer Sekten, in denen Magie, Kampfkunst und diverse Körpertechniken wie etwa die Kontrolle des Atems eine Verbindung eingingen. 1899 gingen die Boxer in der nordchinesischen Region Shandong aus zwei Vorgängerbünden hervor, der Dadao-Gesellschaft und der Gesellschaft der Großsäbel.

Die Boxer zerstörten Telegrafenleitungen, überfielen Missionshäuser und töteten Missionare und Konvertiten. Ihr Slogan lautete: „Unterstützt die Qing, vernichtet die Ausländer". Als im Jahr 1900 der Boxeraufstand Beijing erreichte, wurden sie von kaiserlichen Truppen unterstützt. Nach 55 Tagen Belagerung beendete ein Expeditionskorps den Aufstand, tötete Tausende Chinesen und zwang dem gedemütigten Qing-Regime harte Verträge auf. Die Boxer hatten sich zu diesem Zeitpunkt schon der kaiserlichen Armee angeschlossen. Die meisten von ihnen wurden getötet oder verschwanden.

## Verschwörungstheorien

Die Boxer verbreiteten wilde Gerüchte über ausländische Missionare. So behaupteten sie, diese würden Körperteile chinesischer Toter für ihre Medizin verwenden und Stürme auslösen, indem sie sich nackt Luft zufächeln würden. Von den Boxern selbst hieß es, sie seien unverwundbar und in ihnen würden Götter und Geister wohnen. Hirngespinste dieser Art nutzten wiederum die ausländischen Mächte, um ihre angebliche rassische Überlegenheit über die in ihren Augen abergläubischen und verblendeten Chinesen zu rechtfertigen.

## Kritischer Blick

Die bizarren Ansichten der Boxer waren Reaktionen auf massive soziale, ökonomische und kulturelle Erschütterungen, doch spezifisch chinesisch waren sie nicht. Ähnlich extreme Ansichten waren damals auch in Europa verbreitet. Die Behauptung der Boxer, sie besäßen magische Kräfte, entbehrt jeder Grundlage. Zeitzeugen notierten, dass die Boxer bei Vorführungen zu ihrer angeblichen Unverwundbarkeit häufig Verletzungen davontrugen und diese dann mit „schlechter Technik“ erklärt wurden.

## Weltweiter Einfluss: 25/100

Der Boxeraufstand hatte tiefgreifende Auswirkungen auf Chinas Entwicklung und beeinflusst noch heute Chinas Haltung gegenüber dem Westen.

## Wie tritt man bei?

Nehmen Sie an einer Demonstration von Boxern teil und bitten Sie einen der daoistischen Götter, auf Sie herabzukommen. Üben Sie sich außerdem so lange in Atemtechniken, bis Gewehrkugeln Ihnen nichts mehr anhaben können.

**Rechts:** Französische Soldaten hinter einer Barrikade in Tianjin während des Aufstands, 1900.

# Ku-Klux-Klan

**Der einst am meisten gefürchtete US-amerikanische Geheimbund predigt noch heute seine Lehre vom Rassenhass und von reaktionärer Gewalt.**

| | |
|---|---|
| Ursprung: | USA |
| Entstehung: | ca. 1860er-Jahre |
| Gründer: | konföderierte Veteranen |
| Status: | aktiv, hauptsächlich USA |

## Geschichte

Der 1865 von Veteranen der Konföderiertenarmee gegründete Ku-Klux-Klan leitet seinen Namen vom griechischen *kyklos* („Kreis") und vom schottischen *clan* her. Anfangs verübten die als Kobolde und Geister kostümierten Klan-Mitglieder nur harmlose Streiche, doch zur Zeit des Wiederaufbaus im amerikanischen Süden erwies sich die Verkleidung bei rassistisch motivierten Gewalttaten als sehr nützlich. Unter der Führung des Konföderiertengenerals Nathan Bedford Forrest stieg die Zahl der Mitglieder im Klan explosionsartig an, und obwohl er nach Art des Militärs organisiert war, wurden Terminologie und Verkleidung aus der Anfangszeit beibehalten. Forrest war der Große Hexenmeister, der über das Unsichtbare Reich herrschte. Unter ihm gab es Ränge wie den Dschinn, den Drachen, die Hydra, den Titan und den Kobold, die über Gebiete herrschten, die als Königreiche, Herrschaften oder Höhlen bezeichnet wurden. Das charakteristische „Geisterkostüm" der Klan-Mitglieder war von der Kleidung irischer Geheimmilizen des 18. Jahrhunderts inspiriert.

Eine Kampagne der Gewalt und des Mordes an Afroamerikanern und Republikanern in den Südstaaten erregte den Zorn der Bundesregierung, und der Klan wurde verboten. Doch zugleich bedeuteten das Ende der Neuordnung und die Einführung legaler Rassentrennung, dass viele Ziele des Klans de facto erreicht waren.

1915 führte der Erfolg des Films *Die Geburt einer Nation,* in dem der Klan stark glorifiziert wird, zu dessen Neugründung unter William J. Simmons. In einer Schrift namens *Kloran* formulierte Simmons neue Grundsätze und Rituale für seine Ritter vom Ku-Klux-Klan. Geschickte Werbung führte zu einem explosionsartigen Anstieg der Mitgliederzahl – von ein paar Tausend im Jahr 1920 auf mehr als vier Millionen im Jahr 1924.

Durch Annäherung an den protestantischen Fundamentalismus konnte der Klan Tausende von Klerikern an sich binden. Ein Versuch, diese Popularität zu nutzen, um ein öffentliches Amt zu erlangen, schlug allerdings fehl, als der „Große Drache" David

C. Stephenson aus Indiana sich 1925 auf seine Präsidentschaftskandidatur vorbereitete, dann aber wegen Entführung und Vergewaltigung festgenommen wurde. Außer in seinem Kerngebiet im amerikanischen Süden verlor der Klan massenhaft Mitglieder, und dies verstärkte sich noch, als der Klan während des Zweiten Weltkriegs mit den Nazis sympathisierte.

Nach dem Krieg erlebte der Klan unter dem Namen United Klans of America (UKA) ein Revival – und zwar zur Zeit der Bürgerrechtsbewegung. Der Klan zählte damals rund 50 000 Mitglieder, doch die von ihm ausgeübte Gewalt führte zu einem harten Durchgreifen des FBI, während zugleich etliche Klan-Gruppen durch Zivilklagen in den Bankrott getrieben wurden. Seit den 1980er-Jahren sind die versprengten Reste des Klans eng mit Neonazi-Organisationen und der Milizbewegung verbunden.

## Verschwörungstheorien

Verschwörungstheorien waren seit seiner Gründung das Lebenselixier des Klans. Sie ließen ihn groß werden und bestimmten seine Agenda. In der Phase nach dem Bürgerkrieg beruhte die Anziehungskraft des Klans darauf, dass er Ängste vor wirtschaftlichen und politischen Bedrohungen durch republikanische Glücksritter aus dem Norden mit einem sexuell motivierten Rassismus verband. Die perfide Argumentation des Klans lautete, dass den rachsüchtigen Republikanern daran gelegen sei, Horden von triebgesteuerten, zügellosen Schwarzen freizulassen, um die Reinheit der weißen Rasse durch hemmungslose sexuelle Vermischung zu untergraben und somit den „weißen Süden" für immer zu zerstören. Die Klan-Mitglieder behaupteten, sie würden die Frauen des Südens und damit auch den Süden selbst beschützen.

Zur Zeit der Prohibition verbreitete der Klan die Legende, katholische und jüdische Verschwörer wollten massenhaft abergläubische Einwanderer ins Land lassen, um Amerikas Protestanten zu entmachten. Angeblich horteten die Katholiken bereits Waffen für einen Staatsstreich unter der Führung des Papstes, jenes „Spaghettifressers vom Tiber". Zugleich bedrohte eine fiktive jüdisch-bolschewistische Verschwörung den „ehrlichen" Kapitalismus im kleinstädtischen Amerika.

In den 1930er-Jahren widersetzte sich der Klan der Politik des New Deal, nannte diesen eine Bedrohung der US-amerikanischen Lebensart und unterstellte der Regierung kommunistische Tendenzen. Nach dem Zweiten Weltkrieg verstärkte sich dieser hysterische Antikommunismus und verschmolz mit einem vehementen Antisemitismus. Der Klan sah in der Bürgerrechtsbewegung nichts anderes als eine jüdisch-bolschewistische Verschwörung mit dem Ziel einer kommunistischen Machtübernahme. Als in den 1970er-Jahren der Klan immer mehr in die Nähe von Neonazis rückte, wurde der Antisemitismus zum Ausgangspunkt aller Verschwörungsszenarien: Die zionistisch unterwanderte Regierung war der Feind, der den Feminismus, den Wohlfahrtsstaat, die Rechte von Schwulen und Lesben usw. als Werkzeug zur Zerstörung der weißen Rasse nutzte.

## Kritischer Blick

Die Verschwörungstheorien des Klans spiegelten von Anfang an die Ängste und Unsicherheiten der weißen Unter- und Mittelschicht wider, die mit dem wirtschaftlichen Niedergang des Südens, dem demografischen Wandel, dem Multikulturalismus und dem Ende des Patriarchats zu kämpfen hatte.

## Weltweiter Einfluss: 35/100

Der Klan hatte zeitweise einen enormen Einfluss auf die Politik und auf die Befindlichkeit der US-Amerikaner. Und auch wenn die Organisation heute zersplittert ist, spielen einige ihrer Themen wie etwa die Bedrohung Amerikas durch Einwanderer, Nichtchristen, Kulturkämpfe, wirtschaftlichen Niedergang und die Regierung im politischen Diskurs nach wie vor eine wichtige Rolle.

## Wie tritt man bei?

Leider ist der Klan noch immer aktiv, sodass Sie ihm theoretisch beitreten könnten. Doch da seine Mitglieder jeden hassen, ist es recht wahrscheinlich, dass auch Sie zu ihren „Feinden“ zählen.

**Oben:** Ku-Klux-Klan-Treffen, Maryland, 1986.

# Schwarze Hand

**1911 gegründeter nationalistischer Geheimbund, der die serbische Expansion mit Gewalt vorantreiben wollte und für das Attentat verantwortlich war, das den Ersten Weltkrieg auslöste.**

| | |
|---|---|
| Ursprung: | Serbien |
| Entstehung: | 1911 |
| Gründer: | Offiziere der serbischen Armee |
| Status: | erloschen |

## Geschichte

Dieser 1911 von neun führenden serbischen Offizieren in Belgrad gegründete Geheimbund hieß offiziell Ujedinjenje ili Smrt („Vereinigung oder Tod!"), war aber hauptsächlich unter dem Namen Crna Ruka („Schwarze Hand") bekannt. In der Konstitutionsurkunde heißt es, das Ziel des Bundes sei „die Verwirklichung des völkischen Ideals, die Vereinigung aller Serben. Diese Organisation zieht terroristische Aktionen kulturellen Aktivitäten vor. Sie wird deshalb geheim bleiben." Die Schwarze Hand entstand aufgrund von Spannungen zwischen dem noch jungen Staat Serbien und seinem Nachbarn Österreich-Ungarn. Vor allem die Annexion Bosnien-Herzegowinas durch Österreich im Jahr 1908 empörte die Serben, da sie der Ansicht waren, diese Region gehöre zu ihrem Land.

Als Anführer der Schwarzen Hand galt Dragutin Dimitrijević (Deckname Apis), Geheimdienstchef im serbischen Generalstab. Unter seiner Leitung bildete die Schwarze Hand zahlreiche Zellen, bestehend aus Saboteuren, Spionen und Terroristen. Bald schon übte die Schwarze Hand Einfluss auf die serbische Politik aus und führte gewagte Aktionen durch wie etwa einen missglückten Mordanschlag auf Kaiser Franz Josef im Jahr 1911. Im Sommer 1914 hatte die Schwarze Hand 2500 Mitglieder und stand der serbischen Regierung angeblich sehr nah.

Zu diesem Zeitpunkt willigte der österreichische Thronfolger Franz Ferdinand ein, die bosnische Hauptstadt Sarajevo zu besuchen. Die Serben sahen darin eine Provokation, zumal der Besuch ausgerechnet am 28. Juni stattfinden sollte, einem wichtigen nationalen Gedenktag. Die Ermordung des Thronfolgers durch den bosnischen Serben Gavrilo Princip erzürnte die Österreicher so sehr, dass sie den Serben ein praktisch nicht zu erfüllendes Ultimatum stellten. Nachdem dieses verstrichen war, erklärte Österreich Serbien den Krieg, wodurch sich Serbiens Bündnispartner Russland gezwungen sah, seine Armee zu mobilisieren. Daraufhin machten auch Deutschland, Frankreich und schließlich England mobil, und der Erste Weltkrieg brach aus.

**Oben:** Darstellung der Ermordung von Erzherzog Franz Ferdinand in einer italienischen Zeitung, 5. Juli 1914.

Für Serbien verlief er nicht gut, und die Politik machte die Schwarze Hand dafür verantwortlich. Deren Anführer wurden daraufhin verhaftet, und Apis wurde zusammen mit drei weiteren Gefangenen am 26. Juni 1917 hingerichtet.

## Verschwörungstheorien

Die gängige Verschwörungstheorie zur Schwarzen Hand lautet, dass sie für die Ermordung des Erzherzogs verantwortlich gewesen sei – sie habe Princip und sechs andere Terroristen, die allesamt der Schwarzen Hand oder der ihr nahestehenden Organisation Junges Serbien angehörten, mit Waffen versorgt. Außerdem habe die Schwarze Hand im Auftrag der serbischen Regierung gehandelt, die wiederum Russland hörig gewesen sei. Auf der Idee der Historischen Weltverschwörung basiert eine weitere Theorie: Die Schwarze Hand sollte im Auftrag der Illuminaten die Regierungen Europas destabilisieren, und der Ausbruch des Ersten Weltkriegs war angeblich Teil eines dunklen Plans.

## Kritischer Blick

Princip hatte wahrscheinlich Verbindungen zur Schwarzen Hand, auch wenn er kein Mitglied gewesen sein mag. Und es ist möglich, dass die serbische Regierung nichts von den Anschlagsplänen wusste. Die Schwarze Hand bildete den gewaltbereiten, militaristischen Flügel der serbischen Nationalisten, und es kam oft zu Spannungen mit dem gemäßigten, regierungsnahen Lager, das mehr auf die Diplomatie vertraute. Auch gibt es keine Beweise dafür, dass die Russen an dem Mordkomplott beteiligt waren. Und die Schwarze Hand mit einer angeblichen Verschwörung der Illuminaten in Verbindung zu bringen, ist eine Fantasie, die dem Wunsch entspricht, simple Erklärungen für Ereignisse mit komplexen und vielschichtigen Ursachen zu finden.

## Weltweiter Einfluss: 40/100

Da sie beim Ausbruch des Ersten Weltkriegs eine so wichtige Rolle spielte, unterscheidet sich die Schwarze Hand deutlich von anderen Geheimgesellschaften, was den Einfluss auf die Geschichte betrifft.

## Wie tritt man bei?

Finden Sie Apis (wenn es ihn denn noch gibt) und schwören Sie folgenden Eid: „Ich schwöre vor Gott, bei meiner Ehre und bei meinem Leben, dass ich allen Weisungen und Befehlen widerspruchslos folgen werde. Ich schwöre vor Gott, bei meiner Ehre und bei meinem Leben, dass ich alle Geheimnisse dieser Organisation mit ins Grab nehmen werde."

# Odessa und Gladio

**Westeuropäische Geheimgesellschaften, in denen ehemalige Nazis Stay-Behind-Truppen für den Fall einer sowjetischen Invasion bildeten.**

| | |
|---|---|
| Ursprung: | Westdeutschland |
| Entstehung: | ca. 1945 |
| Gründer: | Reinhard Gehlen |
| Status: | erloschen |

## Geschichte

Gegen Ende des Zweiten Weltkriegs konnten die US-Amerikaner Generalmajor Reinhard Gehlen anwerben, Leiter des Militärgeheimdienstes an der deutschen Ostfront. Gehlen war bereits zu dem Schluss gekommen, dass der Krieg verloren war und Hitler sterben würde. Gewissenhaft hatte er Kopien all seiner Akten in Sicherheit gebracht, bevor er zu den Amerikanern überlief. Diese setzten ihn nach dem Krieg an die Spitze der westdeutschen Organisation Gehlen, einer Geheimgesellschaft, aus der später der westdeutsche Geheimdienst hervorging. Die Organisation Gehlen stellte die große Mehrheit aller NATO-Agenten in den Staaten des Warschauer Paktes und hatte bald 4000 Mitarbeiter, die allesamt von den USA finanziert wurden.

Zur selben Zeit versuchte der CIA verzweifelt, Westeuropa vor der sehr realen Bedrohung einer sowjetischen Invasion zu schützen. Folglich gründete sie eine Geheimorganisation, die unter verschiedenen Decknamen bekannt war: Alliiertes Koordinationskomitee, Operation Stay Behind und Gladio (vom italienischen Wort für „Schwert"). Gehlen warb Antikommunisten an, darunter viele Veteranen der Achsenmächte, und finanzierte und bewaffnete sie, sodass sie im Fall einer sowjetischen Invasion zur Keimzelle des Widerstands werden konnten. Aus denjenigen Ländern, die zugeben, dass eine solche Organisation existiert hat (Belgien, Deutschland, Frankreich, Griechenland, Italien, Niederlande, Portugal und Norwegen), heißt es, sie sei nicht mehr aktiv.

## Verschwörungstheorien

Glaubt man den Verschwörungstheoretikern sowie etlichen Historikern, hatten die Organisationen Gehlen und Gladio viele schmutzige Geheimnisse. Es heißt zum Beispiel, sie hätten zusammen mit der CIA, der katholischen Kirche und anderen den Verein Odessa gegründet.

„Odessa" steht für „Organisation der ehemaligen SS-Angehörigen". Angeblich hatte der Verein die Aufgabe, Nazi-Kriegsverbrecher zu beschützen und sie mitsamt ihren zusammengeraubten Schätzen auf den sogenannten „Rattenlinien“ sicher in die Schweiz und nach Südamerika zu schmuggeln. Auch schleuste Gehlen, der selbst ein Kriegsverbrecher war, ehemalige SS- und Gestapomänner in seine Organisation ein und ließ sie von der CIA bezahlen.

Glaubt man den Verschwörungstheoretikern, führten die verschiedenen Zweige von Gladio antikommunistische Aktionen in ganz Westeuropa durch, und zwar insbesondere in Italien, wo sie für die „Strategie der Spannung“ verantwortlich gewesen seien. Hierbei handelte es sich angeblich um inszenierte linksterroristische Gewalttaten, die dazu dienen sollten, die Kommunisten in Verruf zu bringen und rechten Regierungen an die Macht zu verhelfen. Gladio soll sowohl hinter der Entführung und Ermordung des italienischen Premierministers Aldo Moro im Jahr 1978 als auch hinter der Explosion auf dem Bahnhof von Bologna zwei Jahre später gesteckt haben. Die CIA und der italienische Geheimdienst sollen beide Aktionen insgeheim unterstützt haben. Darüber hinaus gab es angeblich Kontakte zwischen Gladio und P2 (siehe S. 113).

## Kritischer Blick

Manche sagen, die Anwerbung deutscher Antikommunisten sei aufgrund der sowjetischen Bedrohung gerechtfertigt gewesen. Gehlen hatte seine amerikanischen Ansprechpartner davon überzeugen können, dass er kein glühender Nazi war, und zugesagt, auch keine Nazis zu beschäftigen. Kritiker sagen, der Verein Odessa sei eine reine Fiktion, die sich Autoren wie Frederick Forsyth *(Die Akte Odessa)* ausgedacht hätten. Gladio war keine wirklich aktive Organisation, und die italienische Justiz konnte keine Verbindung zur Moro-Entführung und zum Bologna-Attentat nachweisen. Beide Taten waren wahrscheinlich das Werk linksextremer Terroristen.

## Weltweiter Einfluss: 35/100

Es ist sehr wahrscheinlich, dass von der CIA gesponserte, antikommunistische Geheimorganisationen im Europa des Kalten Krieges verdeckt tätig waren.

## Wie tritt man bei?

Die Bedrohung eines kommunistischen Einmarschs in Europa besteht nicht mehr. Vielleicht sollten Sie in Landstrichen, die von chinesischer Expansion bedroht sind, einen ähnlichen Geheimbund gründen.

# Propaganda Due

**Propaganda Due war eine geheime italienische Freimaurerloge, die mit südamerikanischen Diktatoren, der Organisation Gladio, dem Bankenskandal im Vatikan und dem Terrorismus in Verbindung gebracht wurde.**

| | |
|---|---|
| Ursprung: | Italien |
| Entstehung: | 1877 |
| Gründer: | unbekannt |
| Status: | erloschen |

## Geschichte

Propaganda Due (P2) war eine Geheimloge der italienischen Freimaurer, die im Jahr 1877 gegründet wurde, um das von der katholischen Kirche ausgesprochene Verbot der Freimaurer zu umgehen. 1946 gründete sich die unter Mussolini verbotene Loge erneut. 1967 wurde Licio Gelli zu ihrem Sekretär ernannt, und es heißt, er habe bewusst versucht, Mitglieder aus allen Bereichen der italienischen Führungselite anzuwerben, darunter Politiker, Militärs, Mafiosi und hohe Beamte aus dem Vatikan.

Über die Aktivitäten von P2 war lange nicht viel bekannt, bis die Behörden 1981 im Zuge des Skandals um die Banco Ambrosiano eine Razzia in Gellis Villa durchführte. Die Banco Ambrosiano (BA) war Italiens größte Privatbank, doch sie war in schwere Finanzvergehen involviert, durch die unter anderem Hunderte Millionen US-Dollar von der Vatikanbank verschwanden. Während der Razzia in Gellis Villa kam eine Liste mit 900 angeblichen Mitgliedern von P2 zutage, darunter etliche Prominente. Italien war schockiert, die Regierung stürzte darüber, und das Parlament verabschiedete ein Gesetz zum Verbot von Geheimgesellschaften. Dies bedeutete auch das Ende von P2. 1982 wurde Roberto Calvi, Chef der Banco Ambrosiano und Mitglied von P2, in London tot aufgefunden. Er hing von der Blackfriars Bridge herab mit Ziegelsteinen in seinen Taschen. Zunächst ging man von Selbstmord aus, doch später wurde der Fall als Mord eingestuft.

Gelli konnte sich der Gerechtigkeit entziehen, da er den Behörden immer wieder entkam. Obwohl er zwischenzeitlich verhaftet und zu einer Freiheitsstrafe verurteilt worden war, gelang es ihm, zunächst in die Schweiz und dann nach Südamerika und Frankreich zu fliehen. 1998 wurden bei einer polizeilichen Durchsuchung seiner Villa 165 unmarkierte Goldbarren gefunden, die in Blumentöpfen vergraben waren.

## Verschwörungstheorien

Etliche Verschwörungstheoretiker und viele Kommentatoren aus dem Mainstream glauben, dass Gelli und P2 in unendlich viele Geheimoperationen verwickelt waren. Gleich nach dem Krieg soll Gelli maßgeblich an der Planung der „Rattenlinien" beteiligt gewesen sein, über die zahlreiche Nazi-Kriegsverbrecher nach Südamerika geschmuggelt wurden – angeblich mit dem stillschweigenden Einverständnis der CIA (siehe Odessa und Gladio, S. 111). Gelli wurde reich und knüpfte Kontakte, die ihm beim Aufbau von Gladio nützlich sein konnten. Als er dann die Kontrolle über P2 übernahm, reichte sein Einfluss noch weiter – von südamerikanischen Diktatoren und der CIA bis zur Mafia und in den Vatikan. P2 hat angeblich große Deals eingefädelt und dadurch dubiose Unternehmungen in Lateinamerika finanziert, Drogengelder der Mafia und womöglich sogar der CIA gewaschen, im Vatikan Unterschlagungen vorgenommen und antikommunistische Diktatoren und Milizen auf der ganzen Welt unterstützt. Einer Legende zufolge soll der argentinische Präsident Juan Perón vor Gelli auf die Knie gefallen sein aus Dank, ihn erneut an die Macht gebracht zu haben. Als Anführer von P2 war Gelli der einzige, der alle Mitglieder kannte. Man nannte ihn *il Burattinaio* – den Marionettenspieler. Als die Chefs des italienischen Geheimdienstes P2 beitraten, übergaben sie Gelli angeblich alle ihre Akten und erlaubten ihm, Menschen zu erpressen, wenn Geld und Argumente nicht ausreichten.

In Italien soll P2 die treibende Kraft hinter der „Strategie der Spannung" gewesen sein. Angeblich war die Loge für die Finanzierung und Bewaffnung faschistischer Zellen verantwortlich, die sich als linksradikal ausgaben, und stellte sicher, dass die Behörden sie schützten und ihre Spuren verwischten. Es heißt, P2 steckte hinter der

**Oben:** Diese drei Fotos von Licio Gelli zeigten seine Anwälte bei einer Pressekonferenz, Rom 1981.

Entführung und Ermordung Aldo Moros, der als Premierminister gerade dabei war, mit der Kommunistischen Partei Italiens eine historische Übereinkunft zu erzielen – trotz angeblicher Warnungen aus Amerika, dies könnte seine Gesundheit gefährden. P2 soll auch in das Massaker von Bologna 1980 verwickelt gewesen sein, bei dem 85 Menschen durch einen Bombenanschlag getötet wurden, doch hochrangige Mitarbeiter des Geheimdienstes legten angeblich falsche Beweise vor, um Gellis Spuren zu verwischen.

Des Weiteren soll P2 die Operationen der Mafia und der Vatikanbank koordiniert haben, und zwar unter Federführung von Erzbischof Paul Marcinkus, Leiter der Bank und angebliches Mitglied von P2. Als 1978 Johannes Paul I. zum Papst gewählt wurde, soll er gedroht haben, P2 bloßzustellen und den Vatikan zu säubern. Deshalb, so glauben die Verschwörungstheoretiker, habe P2 ihn umbringen lassen und den Mord dann verschleiert. Die Loge soll auch hinter Calvis Ermordung gesteckt haben, dessen Tod offenbar etliche symbolische Bezüge zu den Freimaurern aufwies. In einem Koffer wurden zudem Dokumente gefunden, die belegen sollen, dass P2 eine politische Agenda formuliert hatte, den *piano di rinascita democratica* („Plan der demokratischen Wiedergeburt"). Ein wichtiges Ziel dieses Plans sei es, über die Kontrolle der Medien einen Rechtsruck in der italienischen Politik herbeizuführen. Verschwörungstheoretiker behaupten, Silvio Berlusconi, ehemals Mitglied von P2, habe dies mehr oder weniger geschafft und neofaschistische Parteien in sein Regierungsbündnis aufgenommen.

## Kritischer Blick

P2 und Gelli waren an einigen kriminellen Verschwörungen beteiligt, doch bei vielen Personen, deren Namen auf der Liste standen, die in Gellis Villa gefunden wurde, stellte sich heraus, dass sie nichts mit der Loge zu tun hatten. Gründliche juristische Untersuchungen ergaben keine eindeutigen Hinweise auf einen Zusammenhang zwischen P2 und den meisten der oben geschilderten Sachverhalte. Moro wurden von den Roten Brigaden ermordet, einer linksradikalen Untergrundorganisation. Auch gibt es keine Beweise dafür, dass Papst Johannes Paul I. irgendwelche Aktionen gegen P2 plante. Er war gebrechlich und gesundheitlich angeschlagen und starb eines natürlichen Todes.

## Weltweiter Einfluss: 35/100

P2 spielte wahrscheinlich eine wichtige Rolle bei der Planung und Finanzierung zwielichtiger Aktionen auf der ganzen Welt und steckte auch tief im Sumpf der italienischen Politik und Finanzwelt der 1970er-Jahre.

## Wie tritt man bei?

Wenn Sie weder ein südamerikanischer Diktator noch ein Mafia-Banker oder der Chef des italienischen Geheimdienstes sind, brauchen Sie sich gar nicht erst zu bewerben.

# Aum Shinrikyo

**Japanische Weltuntergangssekte, die für den Giftgasanschlag in der Tokioter U-Bahn im Jahr 1995 verantwortlich ist und mit Waffenverschwörungen und Vertuschungen in Verbindung gebracht wurde.**

| | |
|---|---|
| Ursprung: | Japan |
| Entstehung: | 1980er-Jahre |
| Gründer: | Shoko Asahara |
| Status: | aktiv, Japan |

## Geschichte

Die Organisation Aum Shinrikyo („Höchste Wahrheit") wurde in den 1980er-Jahren von Shoko Asahara gegründet und war ursprünglich eine Sekte, die Yoga und gesunde Ernährung praktizierte und lose mit dem Buddhismus verbunden war. Die Sekte suchte ihre Mitglieder bewusst unter Akademikern und Berufstätigen, die ermutigt wurden, den größten Teil ihres Einkommens der Sekte zu spenden und für sie zu arbeiten. Asahara predigte eine streng vegetarische Ernährung und behauptete, ein Erleuchteter und Nachfolger Buddhas zu sein.

1995 besaß die Sekte ein geschätztes Vermögen von 1,5 Milliarden US-Dollar und hatte 10 000 Anhänger in Japan und 65 000 in der übrigen Welt, vor allem in Russland. Die Sekte erwarb auch Besitz im australischen Outback, wo es im Mai 1993 zu einem Erdbeben kam. Am 20. März 1995 wurden bei einem Anschlag auf die Tokioter U-Bahn zwölf Menschen durch das Nervengift Sarin getötet und 2000 verletzt. Danach wurden die chemischen Labore der Gruppe entdeckt und mehr als 200 Mitglieder der Sekte verhaftet. Asahara wurde zum Tode verurteilt und am 6. Juli 2018 hingerichtet.

## Verschwörungstheorien

Die Aktivitäten und Verbindungen von Aum Shinrikyo vor dem Anschlag von Tokio haben zu unzähligen Spekulationen geführt. Asahara glaubte angeblich, es sei seine Pflicht, die Ankunft der Apokalypse zu beschleunigen, weshalb er plante, die japanische Regierung durch terroristische Anschläge zu destabilisieren. In Russland habe Aum durch Bestechung Zugang zu Waffen und militärischem Training erhalten. Die Sekte habe mehrmals versucht, Anschläge mit chemischen und biologischen Kampfstoffen durchzuführen, darunter mit Anthrax und Botulin sowie 1994 probeweise auch mit Sarin. Asahara sei nach Afrika gefahren, um Ebola-Viren zu kaufen, und nach Belgrad, um Dokumente aus dem Nikola-Tesla-Archiv zu stehlen.

Tesla war der führende Erfinder auf dem Gebiet der Elektrotechnik und prahlte im späteren Leben mit angeblich von ihm entwickelten Superwaffen wie etwa Todesstrahlen und Erdbebenmaschinen. Einige Verschwörungstheoretiker glauben, dass ein von Aum durchgeführtes Experiment mit Tesla-Waffen für das Erdbeben verantwortlich ist, dass den Besitz der Sekte in Australien erschütterte.

Trotz früherer Anschlagsversuche und trotz vieler Warnungen hinsichtlich der gefährlichen Pläne von Aum versäumte es die Regierung zu handeln. Verschwörungstheoretiker behaupten, der Grund hierfür sei gewesen, dass Aum Verbindungen zu mächtigen Politikern wie etwa zu Shintaro Ishihara, dem ehemaligen Gouverneur von Tokio, sowie zur Yakuza gehabt habe. Für Letztere habe die Sekte in ihren eigenen Laboren Drogen hergestellt. Auch wurde vermutet, dass Aum bei dem Sarin-Attentat eventuell von Soka Gakkai unterstützt wurde, einer anderen mächtigen Weltuntergangssekte mit Verbindungen zum japanischen Establishment.

## Kritischer Blick

Aum Shinrikyo war eine gefährliche und wahnhafte Sekte, doch Teslas Superwaffen waren nur Fantasien, und Erdbebengeneratoren gibt es nicht. Dem Versagen der Behörden hinsichtlich der Aum-Sekte ist einem Irrtum und keiner Verschwörung geschuldet.

## Weltweiter Einfluss: 9/100

Der Fall Aum Shinrikyo führt der Welt einmal mehr vor Augen, wozu ehrgeizige Terrorgruppen fähig sind.

## Wie tritt man bei?

Aleph und Hikari no Wa, zwei Splittergruppen von Aum, existieren noch. Doch mögliche Mitglieder sollten daran denken, dass von ihren Vorgängern erwartet wurde, Substanzen wie Asahas Urin oder Sperma käuflich zu erwerben.

**Rechts:** Shoko Asahara, ehemaliger Anführer von Aum Shinrikyo, 2006.

# Al-Qaida

**Dieses für die Anschläge vom 11. September 2001 verantwortliche Terrornetzwerk ist eine Dachorganisation verschiedener islamistischer Terrorgruppen.**

| | |
|---|---|
| Ursprung: | Afghanistan |
| Entstehung: | 1988 |
| Gründer: | Osama bin Laden |
| Status: | aktiv, weltweit |

## Geschichte

Al-Qaida bedeutet „Basis“ oder „Grundlage“. Das Netzwerk entstand 1988 gegen Ende des afghanisch-sowjetischen Krieges. Islamistische Extremisten wollten den Afghanen dabei zu helfen, die ungläubigen Invasoren zu vertreiben. Bereits 1984 hatte sich mit dem Maktab al-Chidamat (MAK, „Dienstleistungsbüro der Mudschahedin“) eine Vorläuferorganisation von Al-Qaida gebildet, die die afghanischen Mudschahedin („Gotteskrieger“) logistisch unterstützte. Einer der Hauptakteure des MAK war Osama bin Laden, ein saudischer Millionär, der sich zum radikalen Islamisten entwickelt hatte. Zusammen mit seinem Mentor Abdallah Azzam beschloss bin Laden, eine Gruppe zu gründen, die zur Verbreitung pan-islamischer Ideen Terrorakte ermöglichen und koordinieren würde. 1988 wurde Al-Qaida bei einem Treffen im pakistanischen Peschawar ins Leben gerufen. Als zu Beginn des Ersten Irakkriegs US-amerikanische Truppen in Saudi-Arabien stationiert wurden, setzte sich Al-Qaida das Ziel, sie zu vertreiben und amerikanische, israelische und generell westliche Interessen zu bekämpfen.

Al-Qaida trainierte Rekruten, wählte Ziele aus und legte Strategien fest, überließ die Ausführung der Taten jedoch einzelnen Gruppen vor Ort. Rund 30 Terrorgruppen in der islamischen Welt gelten als Teil von Al-Qaida, darunter die algerische GIA („Bewaffnete Islamische Gruppe“), die libanesische Hisbollah, die palästinensische Hamas, der Islamische Dschihad in Ägypten und die Gamaa Islamija in Indonesien. Einige dieser Gruppen wurden von Al-Qaida gegründet oder bestehen aus Al-Qaida-Kämpfern.

Zu den Terrorakten, die höchstwahrscheinlich auf das Konto von Al-Qaida gehen, zählen der Anschlag auf das World Trade Center von 1993, das Bombenattentat auf die Khobar Towers in Saudi-Arabien von 1996 und die Anschläge auf die US-Botschaften in Kenia und Tansania von 1998. Hinzu kommen der Angriff auf die *USS Cole* im Jahr 2000, die Anschläge vom 11. September 2001, die Bombenanschläge in Bali, Saudi-Arabien und Marokko in den Jahren 2002 und 2003, der Anschlag von Madrid im März 2004 und der in London im Juli 2005.

Nach dem 11. September wurde Al-Qaida durch Militäroperationen unter US-amerikanischer Führung aus Afghanistan vertrieben, doch da hatte das Netzwerk sein Hauptquartier schon längst nach Pakistan verlegt, von wo aus es noch heute aktiv ist. Allerdings ist Al-Qaida nicht mehr so handlungsfähig wie früher, und Osama bin Laden wurde inzwischen getötet.

## Verschwörungstheorien

Um die Anschläge vom 11. September ranken sich die meisten Verschwörungstheorien seit der Ermordung Kennedys. In vielen dieser Theorien geht es um Al-Qaidas mögliche Hintermänner und um deren Verbindungen zu den Sicherheitsdiensten verschiedener Staaten, darunter auch der USA. Die Vermutungen reichen von gut recherchierten und plausiblen Szenarien bis zu völlig abwegigen Fantastereien.

So glauben diverse Paranoiker, Al-Qaida sei eine Schöpfung der CIA, werde von den Geheimdiensten Pakistans, des Irans und der Golfstaaten geschützt und von arabischen Prinzen finanziert, die mit ihren Milliarden einen geheimen Krieg gegen den Westen führten. Es heißt, die CIA habe gewusst, dass die Attentäter vom 11. September sich in Amerika aufhielten. Sie hätten sie entweder für Doppelagenten gehalten oder die CIA selbst habe Al-Qaida gegründet, um antiislamischen Hass zu schüren und so einen Vorwand für amerikanische Gegenmaßnahmen zu haben – wie etwa für die Invasion im Irak, für extrem hohe Militärausgaben und für die Beschneidung bürgerlicher Freiheiten. Auf ähnliche Weise werden auch der israelische Geheimdienst Mossad und die Illuminaten beschuldigt, die wahren Mächte hinter Al-Qaida zu sein.

## Kritischer Blick

Al-Qaidas extrem US-feindliche Ideologie ist deutlich erkennbar, von daher sind Vermutungen einer möglichen Beteiligung der USA an dem Terrornetzwerk mehr als lächerlich. Dass die Anschläge vom 11. September nicht im Vorfeld verhindert werden konnten, liegt am fehlerhaften Verhalten der Geheimdienste, nicht an einer Verschwörung.

## Weltweiter Einfluss: 42/100

Auch wenn Al-Qaida heute nicht mehr so mächtig ist, haben die Anschläge vom 11. September ihr Ziel erreicht – eine heftige und umstrittene Reaktion des Westens und seiner Alliierten.

## Wie tritt man bei?

Wenn man nicht in Guantanamo landen möchte, ist der Beitritt zu einer terroristischen Vereinigung mit wirrer Ideologie sicher keine gute Idee.

Teil 5:

# Kriminelle Organisationen

# Thuggee

**Dem Treiben dieser indischen Sekte, deren Mitglieder Reisende töteten, um sie der Göttin Kali zu opfern, wurde im 19. Jahrhundert von der britischen Kolonialmacht ein Ende gesetzt.**

| | |
|---|---|
| Ursprung: | Nordindien |
| Entstehung: | ca. 17. Jahrhundert |
| Gründer: | unbekannt |
| Status: | erloschen |

## Geschichte

„Thug" oder „Thuggee" bedeutet „Betrüger". Im südlichen Indien waren die Thuggee unter dem Namen „Phansigari" („Würger") bekannt. 1816 erschien in der *Madras Literary Gazette* ein Artikel, in dem Richard Sherwood die Phansigari, ihre Sitten und ihren Glauben detailliert beschrieb. Als traditionsreiche Vereinigung von Mördern verehrten sie die Göttin Kali und praktizierten Ritualmord als Form der Frömmigkeit. Üblicherweise töteten sie ihre Opfer durch Erwürgen und bezogen sich damit auf den Mythos von Kalis Kampf mit einem Dämon, aus dessen Blut Klone seiner selbst entstehen, wenn es den Boden berührt. Angeblich schuf Kali den ersten Thuggee, um die geklonten Dämonen zu vernichten.

Getötet wurden die Opfer mit dem Rumal, einem Stoffgürtel, der um die Hüften herum getragen wurde. Es war streng geregelt, wer als Opfer infrage kam, und damit das Geheimnis bewahrt blieb, durften keine Zeugen am Leben bleiben. Zuweilen wurde behauptet, die Thuggee hätten prähistorische Wurzeln, doch die meisten Experten halten eine Entstehung im Mittelalter für wahrscheinlicher. Die Zahl der von den Thuggee ermordeten Opfer schwankt zwischen 50 000 und mehreren Millionen, und selbst wenn die niedrigere Zahl stimmt, waren die Thuggee einer der todbringendsten Geheimbünde aller Zeiten.

Ein junger britischer Offizier machte es sich zur Aufgabe, die Thuggee zu zerschlagen, und gründete mit dem Thuggee Daftar („Thug-Behörde") einen eigenen Geheimdienst. Zwischen 1831 und 1837 konnten über 3000 Thugs festgenommen werden, und im späten 19. Jahrhundert starb die Sekte schließlich aus.

## Verschwörungstheorien

Die Thuggee bestätigten zeitgenössische Vorurteile über den dunklen und degenerierten Osten, und ihr bizarrer Totenkult verschmolz bald mit den ebenso verstörenden tantrischen Sexualpraktiken.

Es hieß, die weiblichen Pendants der Thuggee würden zu Ehren der Göttin Kali alle möglichen sexuellen Perversionen ausleben, während den Strangulationen der Thuggee selbst eine homoerotische Komponente angedichtet wurde. Die Kolonialbehörden wiederum neigten dazu, organisierte kriminelle Handlungen wie die der Thuggee als politische Provokationen anzusehen. Die Thuggee galten als antikoloniale Agitatoren, und ihre erfolgreiche Vernichtung lieferte den Beweis, dass die Inder nicht nur von der ihnen wohlgesonnenen britischen Herrschaft profitierten, sondern sie auch dringend brauchten. Für Ariosophen und Theosophen waren die Thuggee der lebende Beweis für die wahre Natur der nicht-arischen Wurzelrassen – sie waren das archaische Fußvolk im kosmischen Kampf zwischen den Ariern und ihren degenerierten Feinden.

## Kritischer Blick

Der Umfang und das Alter der Thuggee-Bruderschaft waren wahrscheinlich übertrieben und die sexuellen Elemente ihrer Legende mit Sicherheit erfunden.

## Weltweiter Einfluss: 7/100

Zwischen 1600 und 1830 waren die Thuggee eine echte Gefahr für Reisende, doch heute sind sie vor allem als die Bösewichter aus dem Film *Indiana Jones und der Tempel des Todes* bekannt.

## Wie tritt man bei?

Die Mitgliedschaft war erblich. In Ausnahmefällen konnten kleine Jungen, die bei Überfällen gefangengenommen wurden, in den Kult der Thuggee eingeweiht werden.

**Oben:** Eine Gruppe von Thugs, um 1865, Peschawar.

# Triaden

**Diese kriminellen chinesischen Bruderschaften mit mystisch-okkultem Hintergrund und politischem Einfluss haben sich im Zuge der chinesischen Auswanderung über die ganze Welt verteilt.**

| | |
|---|---|
| Ursprung: | China |
| Entstehung: | Qing-Dynastie (1644–1912) |
| Gründer: | unbekannt |
| Status: | aktiv, weltweit |

## Geschichte

Unter den Triaden versteht man verbrecherische chinesische Geheimgesellschaften. Der Ausdruck leitet sich von den Namen einiger dieser Gesellschaften (oder *hui*) her und bezieht sich auf die drei Aspekte des Kosmos: Menschheit, Himmel und Erde. Zu den frühen *hui* gehörten die Gesellschaft des Himmels und der Erde (Tiandihui), die Gesellschaft der Drei Punkte (Sandianhui), die Gesellschaft der Drei Einheiten (Sanhehui) sowie die Hong-Liga (Hung Mun). Der Ursprung der Triaden ist umstritten (siehe unten), doch wahrscheinlich besteht ein Zusammenhang mit anderen chinesischen Sekten und Gesellschaften, in denen Kampfkünste sich mit okkulten Praktiken und religiösen Ansichten verbinden (siehe Boxer, S. 103).

Typisch für die Triaden ist die durch einen Schwur bekräftigte Bruderschaft *(guanxi)*. Nach chinesischer Sitte wird erwartet, dass die jüngeren „Brüder" den älteren bedingungslos gehorchen. An der Spitze jeder *hui* steht ein Anführer. Zwei Stellvertreter übernehmen die traditionellen Ämter des Räuchermeisters, d. h. des religiösen Aufsehers, und des Vorreiters, der für Verwaltung und Bewaffnung zuständig ist. Fünf Offiziere aus den niedrigeren Rängen sind für weitere Bereiche verantwortlich, darunter auch für den Bereich Wohlfahrt, in dessen Zuständigkeit früher auch Begräbnisse fielen. Speziell für Mitglieder im Ausland war dies sehr wichtig, denn es war Pflicht, in China begraben zu werden. Später gewannen die als „Tongs" bezeichneten Triaden in Übersee diesbezüglich stark an Einfluss.

In der Spätzeit des chinesischen Kaiserreichs kontrollierten die Triaden das Glücksspiel, doch sie mischten auch in der Politik mit: Sie unterstützten Aufstände wie den der Boxer (siehe S. 103) und Sun Yat-sens erfolgreiche republikanische Kampagne, die zum Ende der kaiserlichen Herrschaft führte. Nach dem Zweiten Weltkrieg schlugen sich die Triaden auf die Seite der Nationalisten, wurden daraufhin von den Kommunisten zerschlagen, bestanden aber in Hongkong, in Taiwan und in Übersee fort.

Von ihrer Machtbasis Hongkong aus, wo 1947 schätzungsweise 300 000 ihrer Mitglieder lebten, kontrollierten die Triaden den Drogenhandel in Südostasien, verlegten sich später aber auch auf den Menschenschmuggel und den Handel mit gefährdeten Arten.

## Verschwörungstheorien

Ihrer eigenen Legende zufolge entstanden die Triaden aus einer Oppositionsbewegung der Einheimischen gegen die als fremd empfundene Mandschu- oder Qing-Dynastie. Unter dem Motto „Weg mit den Qing – zurück zu den Ming" (der vorherigen einheimischen Dynastie) kämpften sie für die Schwachen und Hilflosen und gegen die grausamen Lehnsherren der Mandschu. Geheime Initiationsriten wie die „Hängende Laterne", bei der die Kandidaten zusammengebunden werden, um die symbolische Reise zu ihrer neuen Identität als Mitglieder einer *hui* anzutreten, sollen den Triaden-Kämpfern magische Kräfte verleihen und sie unverwundbar machen.

## Kritischer Blick

Die Geschichte der Triaden ist nicht so lang wie ihre Legenden vermuten lassen. Tatsächlich wurde 1761 oder 1762 im Guanyinting (Pavillon der Göttin der Gnade) in der Kleinstadt Gaoxi in der Provinz Fujian im Südosten Chinas die erste aller Triaden gegründet, nämlich die Gesellschaft des Himmels und der Erde. Ursprünglich handelte es sich hierbei um eine Bruderschaft zur gegenseitigen Hilfe, ähnlich den Oddfellows in England und Amerika im 17. und 18. Jahrhundert. Doch Verarmung und Ausgrenzung ließen die Mitglieder der Bruderschaft bald zu Verbrechern werden. Heute verbergen sich hinter der mystisch-okkulten Fassade nur noch lupenreine Kriminelle.

## Weltweiter Einfluss: 10/100

Die Tongs und Triaden sind und waren in den chinesischen Communitys auf der ganzen Welt äußerst einflussreich.

## Wie tritt man bei?

Lernen Sie Chinesisch, betreiben Sie Kampfsport und werden Sie unverwundbar.

# Yakuza

**Diese kriminellen japanischen Clans bilden gemeinsam die größte Verbrecherorganisation der Welt und spielen seit jeher eine etwas spezielle Rolle in der japanischen Gesellschaft.**

| | |
|---|---|
| Ursprung: | Japan |
| Entstehung: | 17. Jahrhundert |
| Gründer: | unbekannt |
| Status: | aktiv, Japan |

## Geschichte

„Yakuza" steht für „unnütz" oder „wertlos". Wörtlich bedeutet der Ausdruck „8, 9, 3" und bezieht sich auf ein schlechtes Blatt in einem traditionellen japanischen Kartenspiel. Doch die Yakuza tragen ihren Namen mit Stolz, denn er steht für ihre nonkonformistische Haltung und ihre Ablehnung der traditionellen japanischen Gesellschaft. Die heutigen Yakuza stammen von kriminellen Banden ab, die sich vermutlich schon im 16. Jahrhundert aus herrenlosen Samurai, sogenannten *ronin,* gebildet haben.

Die modernen Yakuza haben sich noch ein wenig Samurai-Tradition bewahrt. Sie halten sich für etwas Besseres als gewöhnliche Kriminelle. Ein *kobun* (Lehrling oder „Sohn") schwört seinem Chef oder *oyabun* („Vater") absolute Loyalität, dieser wiederum schwört, ihn zu beschützen. Alle Mitglieder sind als äußeres Zeichen ihrer Selbstverpflichtung am ganzen Körper stark tätowiert. Von einem Yakuza, der ungehorsam ist oder seine *oyabun* verärgert, wird erwartet, dass er *yubizume* begeht und in Anlehnung an eine traditionelle Strafe beim Glücksspiel das letzte Glied des kleinen Fingers seiner linken Hand abschneidet. Vor dem Krieg waren die Yakuza vor allem auf Glücksspiel und Erpressung spezialisiert, doch seit in der Nachkriegszeit ihre Mitgliederzahlen explodierten und 1963 einen Höchststand von 185 000 erreichten, gehen die Yakuza einer verwirrenden Vielzahl legaler und illegaler Aktivitäten nach. Inzwischen sind die Mitgliederzahlen gesunken, doch noch immer sind rund 20 000 Yakuza in zwei Dutzend Gangs organisiert.

## Verschwörungstheorien

Die Yakuza behaupten, sie seien ursprünglich Räuber im Stil von Robin Hood gewesen und man habe sie *machi-yokko* („Diener der Stadt" bzw. der kleinen Leute) genannt. Eines der bemerkenswertesten Kennzeichen der Yakuza ist ihre Sichtbarkeit. Ihre Geschäfte und Lokale sind klar und deutlich beschildert, und die großen Yakuza-Konzerne haben Hauptquartiere wie andere Firmen auch. Diverse Verschwörungstheoretiker führen dies auf angeblich sehr gute Verbindungen zu Japans politischen und militärischen Eliten zurück, deren ultranationalistische Gesinnung die Yakuza mit ihnen gemeinsam hätten. Diese Verbindungen seien im frühen 20. Jahrhundert geknüpft worden, als der ultranationalistische Geheimdienst Schwarzer Drache insgeheim Japans imperialistische Ambitionen unterstützt habe – und zwar mit dem Geld der Yakuza. Und diese ominösen Verbindungen bestünden angeblich noch heute: So seien die Yakuza in den Skandal um die Behörde involviert gewesen, die versäumt hatte, die Sekte Aum Shinrikyo noch vor dem Giftgasanschlag auf die Tokioter U-Bahn zu zerschlagen (siehe S. 116). Auch wird behauptet, rassistische und nationalistische Kreise in Militär und Gesellschaft würden die Yakuza nach wie vor unterstützen.

## Kritischer Blick

Die Behauptungen der Yakuza über ihre „guten" Ursprünge sind denen der Triaden (siehe S. 124) und der Mafia (siehe S. 135) verdächtig ähnlich. In Wirklichkeit spielten sie vor dem Zweiten Weltkrieg kaum eine Rolle. Die japanische Gesellschaft wurde durch den Krieg schwer erschüttert. Dies führte zu einem Machtvakuum, das die Yakuza sehr schnell ausfüllten, und so erklärt sich auch der massive Anstieg ihrer Mitgliederzahlen in den 1950er-Jahren, vor allem da die US-amerikanischen Besatzer es vorzogen, dies nicht zur Kenntnis zu nehmen.

Ironischerweise verlegten sich die Yakuza zunächst auf das Schmuggeln von Waffen, deren Besitz die amerikanischen Behörden verboten hatten. Denn trotz ihrer Samurai-Posen orientierten sich die Yakuza in Wirklichkeit lange Zeit an amerikanischen Gangstern, und viele von ihnen tragen noch heute gern Mafiosi-Anzüge und entsprechende Frisuren. Zwar werden die Yakuza zuweilen toleriert, da sie für eine relative Ordnung in der Unterwelt sorgen, doch eine kontinuierliche Verfolgung durch die Behörden beschleunigt ihren Niedergang.

## Weltweiter Einfluss: 15/100

Die Yakuza sind heute nicht nur eine wichtige Größe im organisierten Verbrechen, sondern haben im frühen 20. Jahrhundert womöglich auch Japans Expansionspläne insgeheim unterstützt.

## Wie tritt man bei?

Die heutigen Yakuza finden ihren Nachwuchs häufig unter den *bosozuku,* d. h. unter Straßenpunks mit einer Vorliebe für Motorräder. Kaufen Sie sich also ein Bike und lassen Sie sich tätowieren.

# Cosa Nostra

**Die sizilianische Mafia ist das Vorbild für alle kriminellen Vereinigungen weltweit, und sie verfügt über alle Kennzeichen einer Geheimgesellschaft – von Initiationsriten bis hin zu dunklen Machenschaften.**

| | |
|---|---|
| Ursprung: | Sizilien |
| Entstehung: | Mitte 19. Jahrhundert |
| Gründer: | unbekannt |
| Status: | aktiv, Sizilien |

## Geschichte

Die Cosa Nostra („Unsere Sache“) ist einer von mehreren Namen, die die sizilianische Mafia trägt. In der Praxis besteht die Cosa Nostra aus unterschiedlichen „Familien“, d. h. Verbünden oder Clans, die auf geografischer Herkunft und entfernter Verwandtschaft beruhen. Die Familien konkurrieren miteinander, halten sich dabei aber an bestimmte Regeln und Gebräuche.

Die Cosa Nostra ist eine Geheimgesellschaft, in der jede Familie in etwa einer Loge entspricht. Wie andere Geheimgesellschaften auch, bewahrt die Cosa Nostra Stillschweigen über ihre Mitglieder, ihre Agenda, Struktur und Rituale. Es ist jedoch bekannt, dass jede Familie von einem *capo* oder *capofamiglia* angeführt wird, der sich von einem *consigliere* beraten lässt und Aufgaben an Kapitäne delegiert, die eigene Mannschaften befehligen. Den Kapitänen untergeordnet sind die Soldaten, die Geld verdienen und einen Teil davon an die Familie abgeben müssen. Neumitglieder müssen sich einem Initiationsritual unterziehen, bei dem Blut auf ein Heiligenbild tropft. Das Bild wird daraufhin zu Asche verbrannt, wodurch die lebenslange Bindung des neuen Mitglieds an seine Familie symbolisch dargestellt wird. Eide werden abgelegt, und das neue Mitglied hat sich ab jetzt unter Androhung der Todesstrafe an einen strengen Kodex zu halten. Am wichtigsten ist hierbei die *omertà*, das Schweigegelübde, das allen Mitgliedern der Cosa Nostra und ihren Angehörigen verbietet, Informationen über die Mafia preiszugeben.

## Verschwörungstheorien

Die engen Verbindungen zwischen der Cosa Nostra und diversen Politikern in Sizilien und ganz Italien hat jede Menge Gerüchte und Vermutungen entstehen lassen, von denen einige zu Prozessen und Verurteilungen geführt haben. So soll die Cosa Nostra über P2 und Licio Gelli (siehe S. 113) angeblich an mehreren Operationen im Stil von Gladio (siehe S. 111), an der „Strategie der Spannung“ (siehe S. 112) und an dem großangelegten Finanzbetrug beteiligt gewesen sein, in den die Vatikanbank und einige der wichtigsten italienischen Privatbanken verwickelt waren (siehe S. 113). Eine der Anklagen lautete, P2 habe einen Deal eingefädelt, bei dem die Vatikanbank Hunderte Millionen US-Dollar an schmutzigem Drogengeld von der Cosa Nostra gewaschen habe. Auch wurde die Cosa Nostra immer wieder mit dem italienischen Politiker Giulio Andreotti in Verbindung gebracht, der sich jedoch gegen sie wandte, nachdem er Premierminister geworden war. Daraufhin ermordete die Cosa Nostra 1992 seinen sizilianischen Stellvertreter Salvo Lima.

## Kritischer Blick

Allen schönen Legenden zum Trotz sind die Anfänge der Cosa Nostra eng mit der schwierigen und von Gewalt geprägten Geschichte Siziliens verbunden. Während der Jahrhunderte, in denen die Insel von fremden Mächten beherrscht und ausgebeutet wurde, entwickelten die Einwohner eine Tradition der Selbstständigkeit und Selbstverteidigung; vor den Fremden verschanzten sie sich hinter einem Schutzwall aus Ehren- und Schweigegelübden.

**Oben:** Giovanni Nicchi, vermutlich einer der wichtigsten Anführer der Cosa Nostra, im Polizeipräsidium von Palermo nach seiner Festnahme am 5. Dezember 2009.

Im 19. Jahrhundert hatten sich aus diesen Dorfmilizen die Tenebrosi Sodalizi, die Dunklen Bruderschaften, entwickelt, die jeweils eine kleine Stadt oder eine Gegend kontrollierten. Weite Teile der sizilianischen Landschaft gehörten abwesenden Großgrundbesitzern, die es den Bruderschaften überließen, ihre Güter zu verwalten und für Ruhe und Ordnung zu sorgen. Als sich mit der Einheit Italiens die Verhältnisse grundlegend änderten, waren die Bruderschaften schon so fest in der Gesellschaft verankert, dass die neuen politischen Parteien sich mit ihnen arrangierten. Als Gegenleistung für Wählerstimmen tolerierten sie die kriminellen Vereinigungen.

Um die Jahrhundertwende benannte sich die Mafia in Cosa Nostra oder La Società Onorevole („Die Ehrenwerte Gesellschaft") um und entwickelte sich zu einer Art Staat im Staate. Die Faschisten unter Mussolini bremsten ihren Einfluss und verhafteten 1922 zahlreiche Mafiosi, doch als die Alliierten einmarschierten, sahen sie in der Cosa Nostra einen nützlichen Verbündeten vor Ort. Sie setzten die Gangster auf freien Fuß, die Mafia erlebte in der Nachkriegszeit eine neue Blüte und erneuerte ihren Pakt mit der heute nicht mehr bestehenden Christdemokratischen Partei. Dank medialer Sensationslust wurde das Ausmaß der Verfilzung von Regierung und Mafia jedoch stark übertrieben dargestellt, und es gibt auch keine Hinweise auf etwaige Verbindungen zwischen der Cosa Nostra und irgendwelchen Gladio-Verschwörungen.

## Weltweiter Einfluss: 35/100

Abgesehen von ihrem Einfluss auf die italienische Politik gehört die Cosa Nostra zu den wichtigsten Akteuren im internationalen Drogen-, Menschen- und Waffenhandel und dient kriminellen Organisationen auf der ganzen Welt als Vorbild.

## Wie tritt man bei?

Sie müssen verwandtschaftlich oder geografisch mit einer Cosa-Nostra-Familie verbunden sein, um für eine Mitgliedschaft infrage zu kommen.

# Camorra

**Als mitgliederstärkste Mafiaorganisation Italiens ist die neapolitanische Camorra gesellschaftlich und wohl auch physisch fest in ihrer Stadt verankert.**

| | |
|---|---|
| Ursprung: | Italien |
| Entstehung: | ca. 18. Jahrhundert |
| Gründer: | unbekannt |
| Status: | aktiv, Italien |

## Geschichte

Offizielle Protokolle von Versammlungen der Camorra belegen, dass diese bereits um 1820 eine feste Struktur hatte. Allerdings war die Camorra von Beginn an weniger hierarchisch organisiert als die Cosa Nostra. Die einzelnen Clans wetteiferten zwar miteinander, waren aber im Grunde gleichgestellt und lose miteinander verbunden.

Die in Neapel herrschenden Bourbonen nutzten die Camorra wahrscheinlich als paramilitärische Organisation, um ihr unruhiges Königreich besser kontrollieren zu können, doch als die Camorristi sich 1861 der italienischen Einigungsbewegung unter Garibaldi anschlossen und dabei halfen, die Monarchie in Neapel zu stürzen, setzten sie ihre militärische Stärke gegen die ehemaligen Herren ein. In den 1880er-Jahren stand die Organisation im Zenit ihrer Macht, doch die Behörden setzten sich mit einer Kampagne zur Wehr, die 1911 in einem Gerichtsverfahren gipfelte. Die Macht der Camorra war fürs Erste gebrochen.

Nach dem Zweiten Weltkrieg gelangte sie wieder zu mehr Einfluss, indem sie den Zigarettenschmuggel kontrollierte, und war später zusammen mit der sizilianischen Mafia im Heroinhandel aktiv. In jüngster Zeit wurden so viele männliche Mitglieder der Camorra verhaftet, dass zunehmend Ehefrauen und Schwestern im „Tagesgeschäft“ aktiv sind.

Die Camorra ist bekannt für ihre brutalen Aufnahmerituale, zu denen Messerkämpfe und andere machistische „Großtaten“ zählen. Einem Bericht zufolge wurden Bewerber mit Messern aufeinander losgelassen, und es wurde erwartet, dass sie die Klinge des Gegners zu fassen bekamen. Laut einem anderen Bericht musste ein Bewerber versuchen, eine Münze vom Boden aufzuheben, während die umstehenden Camorristi auf seine Hand einstachen. Eine mit Narben übersäte Hand ist von daher ein sichtbares Zeichen der Mitgliedschaft.

## Verschwörungstheorien

Der Legende nach stammte die Camorra von einer kriminellen spanischen Geheimgesellschaft ab, der 1417 gegründeten Garduna, die sich in Neapel festsetzte, als dieses unter spanische Herrschaft gelangte. Einer Version zufolge gründete ein spanischer Ritter namens Raimondo Gamur den neapolitanischen Ableger der Garduna, der daraufhin nach ihm benannt wurde. Eine andere Version besagt, dass drei spanische Brüder die Mafia in Sizilien, Neapel und Kalabrien gegründet hätten. Ursprünglich war die Camorra als Bella Società Riformata bekannt und orientierte sich an den Carbonari (siehe S. 96). Es gab zwei Ränge – die Società Minore und die Società Maggiore.

Die Camorra ist so sehr in die unteren Schichten der neapolitanischen Gesellschaft eingebunden, dass ihre kriminelle Lebensweise einfach „das System" genannt wird. Sie nutzt ihre finanzielle und gesellschaftliche Stärke, um die Politik zu beeinflussen und in allen öffentlichen Bereichen mitzumischen. Nach dem Erdbeben in Kampanien im Jahr 1980 verdiente die Camorra Unsummen im Wiederaufbau. Da sie sowohl das Baugewerbe als auch die Müllentsorgung kontrollierte, wurden Teile Neapels mit Beton wiederaufgebaut, der mit Giftmüll durchsetzt war.

## Kritischer Blick

Sogar die Anhänger der Illuminatenlegenden erkennen an, dass die Camorra aus einer Gefängnisbande hervorgegangen ist. Darüber hinaus ist jedoch nichts bekannt. Wahrscheinlich entstand die Camorra im frühen 19. Jahrhundert, einer Zeit des Chaos und des Machtverlusts, während der napoleonischen Besatzung und der Wiedereinsetzung der Bourbonen.

## Weltweiter Einfluss: 20/100

Die Camorra spielt eine wichtige Rolle im internationalen Heroinhandel und kontrolliert wahrscheinlich auch große Teile der neapolitanischen Wirtschaft.

## Wie tritt man bei?

Wie auch bei anderen Mafiagruppen hängt eine Mitgliedschaft von der familiären Herkunft und dem Geburtsort ab.

# 'Ndrangheta

**Die 'Ndrangheta gilt als die reichste und mächtigste kriminelle Organisation Italiens, doch über ihre Ursprünge und ihre Struktur weiß man so gut wie nichts.**

| | |
|---|---|
| Ursprung: | Italien |
| Entstehung: | ca.1860er-Jahre |
| Gründer: | unbekannt |
| Status: | aktiv, Italien |

## Geschichte

Die 'Ndrangheta ist die Vereinigung des organisierten Verbrechens in Kalabrien an der äußersten Südspitze Italiens. Ihre Ursprünge sind unklar, es wird allerdings angenommen, dass sie ähnlich wie die Camorra aus einer Gefängnisbande hervorging oder – laut dem FBI – von nach Kalabrien eingewanderten Sizilianern gegründet wurde. Angesichts der Tatsache, dass Kalabrien im 19. Jahrhundert eine Hochburg der republikanischen Bewegung war, scheint es sehr plausibel, dass sich die 'Ndrangheta in ihren Anfängen an den Carbonari orientierte (siehe S. 96).

Kalabrien war lange eine der ärmsten und isoliertesten Regionen Italiens, sodass die 'Ndrangheta hier ein Jahrhundert lang relativ frei schalten und walten konnte. In den 1970er-Jahren begann sie jedoch, reiche Leute aus dem Norden zu kidnappen und sie in die raue Bergwelt des Aspromonte zu entführen. Mit den erpressten Lösegeldern stieg die 'Ndrangheta dann in den Drogenhandel ein.

Trotz ständiger blutiger Fehden innerhalb der Organisation erwies sich die 'Ndrangheta als erstaunlich widerstandsfähig gegenüber der Polizei und stieg zur reichsten und mächtigsten Mafiaorganisation in Italien auf. Heute hat sie rund 7000 Mitglieder, die Cosa Nostra dagegen nur 5000. Es heißt, sie basiere in hohem Maße auf Blutsverwandtschaft, was die Wahrscheinlichkeit erhöht, dass alle Mitglieder das Gelübde der *omertà* einhalten. Verräter und Informanten sind jedenfalls selten. Auch ist die 'Ndrangheta wohl weniger hierarchisch aufgebaut als die Cosa Nostra, wodurch sich die Organisation weniger leicht zerschlagen lässt.

## Verschwörungstheorien

Im Oktober 2005 wurde der kalabrische Abgeordnete Francesco Fortugno erschossen – vermutlich von der 'Ndrangheta. Manche Verschwörungstheoretiker glauben, dass dieser Mord mit den Plänen für eine große Hängebrücke über die Straße von Messina zusammenhängt, die Kalabrien von Sizilien trennt. Angeblich lieferte die

'Ndrangheta Fortugnos Partei zahlreiche Wählerstimmen unter der Voraussetzung, dass diese das Brückenprojekt unterstützen würde, von dem sich die kalabrische Mafia große Profite versprach. Als die Regierung das Projekt dann ablehnte, soll die 'Ndrangheta Fortugno ermordet haben, um der Partei einen Denkzettel zu verpassen.

Die 'Ndrangheta gilt als diejenige Mafiaorganisation in Italien mit den meisten Auslandskontakten und ist vor allem in den südamerikanischen Drogenhandel stark involviert. Die neueste Theorie besagt, es bestünde eine direkte Verbindung zwischen der 'Ndrangheta und dem mächtigen Zeta-Kartell in Mexiko. Angeblich sei die 'Ndrangheta für Kokain-Importe nach Europa im Wert von Milliarden US-Dollar verantwortlich.

## Kritischer Blick

Die Berlusconi-Regierung hat immer wieder betont, dass der Bau einer Brücke über die Straße von Messina ein vernünftiges Vorhaben sei und die Infrastruktur einer armen Region nachhaltig verbessern werde. Gleichzeitig heißt es aus Behördenkreisen, dass verschiedene Observationen im Frühjahr 2011 zu einer Reihe von Festnahmen geführt habe und die 'Ndrangheta somit zerschlagen sei.

## Weltweiter Einfluss: 30/100

Abgesehen von ihrer Schlüsselrolle im weltweiten Drogenhandel dominiert die 'Ndrangheta auch die Wirtschaft in ihrer Heimat. Die italienischen Behörden schätzen ihren Jahresumsatz auf über 50 Milliarden Euro – das ist mehr als der Umsatz von Fiat und auch mehr als der von Kalabriens gesamter legaler Wirtschaft. Die Summe entspricht etwa drei Prozent von Italiens Bruttoinlandsprodukt.

## Wie tritt man bei?

Man muss in eine 'Ndrangheta-Familie hineingeboren werden, um ein *giovane d'onore* (ein „ehrenwerter junger Mann") werden zu können.

**Links:** Salvatore Coluccio, der vermutliche Anführer der 'Ndrangheta, wird nach seiner Festnahme am 10. Mai 2009 von der Polizei abgeführt.

# Amerikanische Mafia

**Dank zahlreicher Bücher, Filme und Fernsehserien ist die amerikanische Mafia die bekannteste Verbrecherorganisation der Welt. Doch gibt es sie überhaupt?**

| | |
|---|---|
| Ursprung: | USA |
| Entstehung: | spätes 19. Jahrhundert |
| Gründer: | unbekannt |
| Status: | unsicher, USA |

## Geschichte

Im Jahr 1951 setzte der US-Senator Estes Kefauver eine Serie von Kongressanhörungen in Gang, bei denen es um das organisierte Verbrechen in den Vereinigten Staaten ging. Die sensationellen Aussagen einiger Informanten schienen auf kriminelle Machenschaften im großen Stil zu verweisen, und verantwortlich hierfür waren offenbar einige italienisch-amerikanische Mafiafamilien, die vom Glücksspiel bis zur Schwarzarbeit das gesamte Spektrum des organisierten Verbrechens kontrollierten. Der explosionsartige Anstieg des Drogenhandels brachte der Mafia in den 1960er- und 1970er-Jahren enorme Profite ein, doch das harte Durchgreifen der Behörden führte in den folgenden Jahrzehnten zum Niedergang der Mafia bzw. zu ihrer Ablösung durch kriminelle Vereinigungen anderen Ursprungs.

Die amerikanische Mafia ist ähnlich gegliedert wie ihr sizilianisches Pendant (siehe S. 128) – es gibt die „Familien" mit ihrem jeweiligen *capo* und den niedrigeren Rängen. Auch die Aufnahmezeremonien scheinen ähnlich abzulaufen, und theoretisch müssen sich die amerikanischen Mafiosi auch an die gleichen Regeln und den gleichen Ehrenkodex halten.

## Verschwörungstheorien

Einigen Experten zufolge ist schon die übliche Schilderung der Geschichte der amerikanischen Mafia Teil einer Verschwörung. Die gängige Version lautet, dass Einwanderer aus Sizilien und anderen armen italienischen Regionen mit starker Mafia-Präsenz ihre kriminellen Bruderschaften nach Amerika mitgebracht hätten. Im frühen 20. Jahrhundert agierten diese Bruderschaften unter dem Namen La Mano Nera („Die Schwarze Hand") und verschickten Drohbriefe an italienischstämmige Geschäftsleute, um Geld von ihnen zu erpressen. Die Briefe waren mit dem Abdruck einer schwarzen Hand signiert. Durch die Prohibition entstand ein großer und lukrativer Markt für Alkoholschmuggler, was bei der Mafia zu steigenden Mitgliederzahlen, aber auch zu blutigen Revierkämpfen führte. Fest entschlossen, die Mafia zu modernisieren, rissen einige junge Anführer um Al Capone und Lucky Luciano den alten „Mustache Petes" die Macht aus den Händen und gründeten die Kommission, um die Aktivitäten der Mafia besser zu regulieren.

In der Nachkriegszeit baute die Mafia das moderne Las Vegas mit auf und investierte Millionen auf Kuba. Dieses Geld ging jedoch verloren, als Fidel Castro an die Macht kam. Die Mafia sann auf Rache und arbeitete angeblich 1961 zusammen mit der CIA den Plan zur Invasion in der Schweinebucht aus – jenem unseligen Versuch, auf Kuba eine Gegenrevolution auszulösen. Überzeugt davon, dass John F. Kennedy (dem sie selbst zur Macht verholfen hatten) sie verraten habe, seien einige Mafiosi an seiner Ermordung beteiligt gewesen. Dies glauben zumindest manche Verschwörungstheoretiker. Zur selben Zeit ließ das FBI unter J. Edgar Hoover verlauten, es gebe gar keine Mafia. Angeblich geschah dies, weil ebendiese Mafia ihn mit Fotos erpressten, die seine Homosexualität enthüllten.

## Kritischer Blick

Hoover hatte Recht, behaupten die Skeptiker. Die Mafia als nationale Verschwörung wurde erfunden, damit Politiker, die nach mehr Zucht und Ordnung verlangten, auf eine angebliche Bedrohung verweisen und die notwendige Unterstützung für Gesetzesverschärfungen gewinnen konnten. Für die Aktivitäten der Schwarzen Hand waren unterschiedliche Einzeltäter oder Banden verantwortlich, die meisten von ihnen waren nicht-italienischer Herkunft. Und auch während der Prohibition waren italo-amerikanische Mafiosi keineswegs die einzigen und auch nicht die dominierenden Akteure auf dem Schwarzmarkt. Das organisierte Verbrechen war seit jeher die Domäne einzelner Täter und kleiner Gruppen unterschiedlicher Herkunft gewesen. Es gab keine zentrale Steuerung oder Kontrolle. Skeptiker behaupten, die Darstellung der amerikanischen Mafia in den Medien habe noch zu dem Mythos beigetragen, den einige Politiker verbreiteten.

## Weltweiter Einfluss: 30/100

Auch wenn die amerikanische Mafia zumindest teilweise ein Konstrukt ist, hat das organisierte Verbrechen im Stil der Mafia lange Zeit eine wichtige Rolle in der amerikanischen Wirtschaft, Gesellschaft und Politik gespielt und bestimmte Muster geschaffen, die noch heute gültig sind.

## Wie tritt man bei?

Wenn es die Mafia nicht gibt, kann man ihr auch nicht beitreten.

# Murder Inc.

**Als todbringender Geheimbund-im-Geheimbund war Murder Inc. in den USA der 1930er- und 1940er-Jahre der skrupellose Vollstrecker des „Nationalen Verbrechenssyndikats".**

| | |
|---|---|
| Ursprung: | USA |
| Entstehung: | 1920er-Jahre |
| Gründer: | unbekannt |
| Status: | erloschen |

## Geschichte

Glaubt man der herkömmlichen Geschichte von der amerikanischen Mafia (siehe S. 135), wurden die verschiedenen Clans der Prohibitionszeit in den 1930er-Jahren von dem Gangster Charles „Lucky" Luciano (der seinen Spitznamen der Tatsache verdankte, dass er einen brutalen Anschlag überlebt hatte) zu einer größeren Organisation vereinigt. Als die Prohibition wieder aufgehoben wurde, war das organisierte Verbrechen in allen größeren Städten der USA vertreten, am stärksten in New York. Doch obwohl es wichtige Anführer und mit Giuseppe Masseria („Joe the Boss") auch eine Art *capo di tutti capi* („Boss aller Bosse") gab, erfüllte die Mafia doch nicht ihren Zweck. Dies glaubte zumindest Lucky Luciano, einer von Masserias Stellvertretern. Er war der Meinung, die altmodische Art seines Bosses, keine Geschäfte mit Nicht-Sizilianern zu machen und sogar Vorbehalte gegen Sizilianer aus dem „falschen Dorf" zu hegen, würde das organisierte Verbrechen behindern. Er ließ Masseria umbringen und nahm seinen Platz ein. Als dann der Gangster Johnny Torrio die Idee hatte, ein Syndikat zu gründen, um die kriminellen Vereinigungen im ganzen Land zu kontrollieren und zu koordinieren, waren Luciano und sein Kollege Lepke Buchalter begeistert. Ein wichtiger Teil ihres Plans war, dass ein Vorstand dafür sorgen sollte, dass niemand aus der Reihe tanzte. Dafür musste der Vorstand aber die Macht haben, seine Beschlüsse anderen aufzwingen zu können – und hier kam Murder Inc. ins Spiel.

## Verschwörungstheorien

Laut Burton Turkus, einem Bezirksstaatsanwalt, der bei der Verfolgung der angeblichen Killerbande eine maßgebliche Rolle spielte, bestand Murder Inc. aus einer kleinen Gruppe von Gangstern aus Brownsville in Brooklyn. Buchalter ließ sie die schmutzige Arbeit erledigen, und sie waren bekannt für ihre Professionalität und ihre Präzision.

Unter Buchalters Schirmherrschaft entwickelten sie sich zur todbringendsten Gang von ganz Amerika. Sie nannten sich selbst „die Truppe" und brachten im Auftrag des Syndikats mehr als einhundert Menschen um. Dank Buchalters politischer Kontakte konnten sie sich dabei der Justiz immer wieder entziehen.

Doch die dauerhafte Verfolgung der Organisation durch den engagierten Bezirksstaatsanwalt Thomas Dewey führte zu einer Mordserie, in deren Verlauf Murder Inc. versuchte, all diejenigen zu liquidieren, die die Gruppe verraten könnten. Dies wiederum hatte zur Folge, dass potenzielle Opfer mit den Behörden kooperierten, denen daraufhin 1940 und 1941 einige „große Fische“ ins Netz ging. Unter ihnen befand sich auch Abe Reles, genannt „Kid Twist“, ein wichtiges Mitglied von Murder Inc. Reles plauderte alles aus, doch Buchalter nutzte seine Kontakte, um seine eigene Verurteilung hinauszuzögern. Währenddessen „fiel“ Reles auf mysteriöse Weise aus großer Höhe aus einem Fenster – und das, obwohl er doch unter ständiger Bewachung stand. Buchalter endete schließlich 1944 auf dem elektrischen Stuhl, und alle anderen Mitglieder von Murder Inc. waren zu diesem Zeitpunkt tot oder in Haft. In einem letzten Versuch, sein Leben zu retten, soll Buchalter Dewey (der inzwischen zum Gouverneur von New York aufgestiegen war und sich um die Präsidentschaft bewarb) brisante, womöglich wahlentscheidende Informationen zu wichtigen Politikern angeboten haben, die angeblich Verbindungen zur Mafia hatten. Dewey lehnte ab.

## Kritischer Blick

Die Geschichte von Murder Inc. wirkt zu unwahrscheinlich, um wahr zu sein. Inwieweit die Gruppe und das Syndikat außerhalb der Fantasien von Turkus und seinesgleichen tatsächlich existiert haben, ist unklar. Dewey jedenfalls lehnte Buchalters ominöses Angebot ab, weil Letzterer über keine wirklich geheimen Informationen verfügte. Und Reles starb bei einem Fluchtversuch.

## Weltweiter Einfluss: 9/100

Murder Inc. hat – wenn überhaupt – nur wenige Jahre existiert. Höchstwahrscheinlich wurde die Gruppe überschätzt und ihre Geschichte künstlich aufgebauscht.

## Wie tritt man bei?

Nur eiskalte Killer sollten sich bewerben.

# Glossar

**Alchemie:** mystische Form der Chemie, in der es um materielle und spirituelle Verwandlungen und um die Wiederentdeckung alten Wissens geht.

**Antikommunismus:** Ideologie, die jegliche Ausprägung des Kommunismus mit allen Mitteln bekämpft.

**Ariosophie:** okkulte, antisemitische Glaubenslehre, die auf Pseudowissenschaft, Pseudogeschichte und deutscher Mystik basiert.

**Bewusstseinskontrolle:** Methode, mit der sich erreichen lässt, dass jemand auf eine bestimmte Weise denkt oder sich verhält, ohne dass er es merkt.

**Bioterror:** Terrorismus mit biologischen Waffen wie etwa Anthrax.

**CIA:** Central Intelligence Agency – Auslandsgeheimdienst der USA, gegründet 1945 als Nachfolger des Office of Strategic Services.

**Council on Foreign Relations:** privater amerikanischer Thinktank bzw. Diskussionsrunde, die sich mit der Verbesserung der Auslandsbeziehungen der USA befasst.

**Deismus:** Glaube, dass allen Religionen grundlegende Wahrheiten innewohnen, die rationalen Überlegungen standhalten.

**Desinformation:** Information, die in die Irre leiten soll.

**Eingeweihter:** jemand, der Kenntnisse in magischen oder okkulten Praktiken besitzt.

**Esoterik:** Geheimwissen, das nur Eingeweihten oder Menschen mit speziellen Vorkenntnissen zugänglich ist.

**Falsche Erinnerungen:** fingierte Erinnerungen die durch Hypnose oder andere Formen der Bewusstseinskontrolle hervorgerufen und von den Betroffenen für echt gehalten werden.

**Gehirnwäsche:** durch Hypnose oder eine andere Form der mentalen Beeinflussung herbeigeführte Bewusstseinsveränderung.

**Geldwäsche:** Methode, die bewirkt, dass illegal erworbenes („schmutziges“) Geld scheinbar aus legalen Quellen stammt.

**Gnostizismus:** religiöse Tradition, die den individuellen Kontakt zum Göttlichen betont und davon ausgeht, dass die äußere Welt verdorben ist, jede Seele aber einen Funken des Göttlichen in sich birgt.

**Grad:** Rang oder erreichtes Niveau innerhalb einer Geheimgesellschaft.

**Hermes Trismegistos:** mythischer Gründer der hermetischen Mysterien, bei denen es um Alchemie und verlorenes altes Wissen geht.

**Hermetik:** Lehre, die sich mit Alchemie und anderen okkulten Traditionen befasst.

**Hyperborea:** mythisches verlorenes Land im äußersten Norden, angeblich die Heimat der arischen Völker (siehe auch Thule).

**Kabbala (auch Kabbalah):** alte jüdische Tradition der mystischen Interpretation heiliger Werke mithilfe esoterischer Praktiken.

**Königliche Kunst:** anderer Ausdruck für Freimaurerei.

**Legenden der Fortdauer:** zweifelhafte Erzählungen zur langen Tradition bestimmter Riten, Grade und Gruppen der Freimaurer.

**Magus/Magi:** Priesterkaste im alten Persien, später Bezeichnung für Zauberer oder Eingeweihte.

**Manchurian Candidate:** durch posthypnotische Suggestion zum Leben erweckter, durch Gehirnwäsche manipulierter Killer aus dem Buch *The Manchurian Candidate* bzw. aus dem gleichnamigen Film.

**Miliz:** Gruppe bewaffneter Zivilisten; in den USA häufig bewaffnete rechtsgerichtete Regierungsgegner.

**Mysterien:** geheime alte Religionen oder Riten, die nur von Eingeweihten praktiziert werden.

**Neo-Rosenkreuzer:** Geheimbünde, die die Themen der ursprünglichen Rosenkreuzer aufgreifen, ohne eine historische Verbindung zu ihnen zu haben.

**Neue Weltordnung:** insgeheim angeblich schon bestehende Weltherrschaft korrupter Eliten; verschiedene Geheimgesellschaften warten auf den Tag, an dem die Neue Weltordnung offen zutage tritt und ihre Tyrannei entfaltet.

**Okkult:** versteckt; bezieht sich auf mystisches, magisches oder esoterisches Wissen, das nur Eingeweihten zur Verfügung steht.

**Parapolitik:** Art der politischen Einflussnahme durch illegale Mittel (Mord, Bestechung usw.)

**Pseudowissenschaft:** System des Aufstellens falscher Behauptungen, die wissenschaftlich verbrämt werden, um ihnen Glaubwürdigkeit zu verleihen.

**Reverse Engineering:** Prozess der Analyse fortschrittlicher, außerirdischer Technologien, sodass Menschen sie verstehen und nutzen können.

**Schwarze Helikopter:** in der Verschwörungstheorie Hubschrauber ohne Kennzeichen, die von Geheimagenten bei verdeckten Operationen eingesetzt werden.

**Schwarze Operationen:** illegale Geheimoperationen.

**Theosophie:** Glaube, dass das Studium der Religionen zu grundlegenden Erkenntnissen führt.

**Thule:** im äußersten Norden gelegene, mythische Heimat der arischen Völker.

**Trilaterale Kommission:** 1973 gegründeter privater Thinktank bzw. Diskussionsrunde, bei der es um die Zusammenarbeit zwischen Japan, Nordamerika und Europa geht.

**UFO:** Unidentified Flying Object; strenggenommen jedes unerklärliche Phänomen im Luftraum, im allgemeinen Sprachgebrauch jedoch auf außerirdische Flugobjekte bezogen.

**Ufologie:** wissenschaftliche Beschäftigung mit UFOs und ähnlichen Phänomenen; wird von Ufologen betrieben.

**UFO-Rettung:** Bergung abgestürzter UFOs, um sie zu erforschen und zu verstecken.

**Verdeckte Operationen:** geheime Aktionen oder Operationen.

**Verschwörung:** geheimer Plan mehrerer Personen, etwas Illegales oder moralisch Fragwürdiges zu tun.

**Vertuschung:** Versuch zu verhindern, dass etwas herausgefunden wird – vor allem wenn es sich um etwas handelt, was gar nicht erst hätte geschehen sollen.

**Wurzelrassen:** pseudowissenschaftliche, rassistische Ideologie der Theosophischen Gesellschaft zu den Ursprüngen der Menschheit.

# Quellen

## Bücher


Bennet, Richard M. *Conspiracies: Plots, Lies and Cover-Ups.* Virgin, 2003

Coward, Barry, Hrsg. *Conspiracies and Conspiracy Theory in Early Modern Europe: From the Waldensians to the French Revolution.* Ashgate, 2004

Goodrick-Clarke, Nicholas. *Occult Roots of Nazism: Secret Aryan Cults and Their Influence on Nazi Ideology.* NYU Press, 1993

Howe, Ellic. *The Magicians of the Golden Dawn: A Documentary History of a Magical Order, 1887–1923.* Taylor & Francis, 1972

Hutchison, Robert. *Their Kingdom Come: Inside the Secret World of Opus Dei.* Corgi, 2005

Knight, Peter. *Conspiracy Theories in American History: An Encyclopaedia.* ABC-CLIO, 2003

Mackey, Albert Gallatin und H. L. Haywood. *Encyclopedia of Freemasonry.* Kessinger Publishing, 2003


## Webseiten


www.americanmafia.com

www.newadvent.org/cathen

www.freemasonry.bcy.ca

www.sacred-texts.com

www.lobster-magazine.co.uk

www.counterpunch.org

www.konformist.com

www.paranoiamagazine.com

# Register

Seitenzahlen in *kursiv* beziehen sich auf Illustrationen.